学生支援に求められる条件

―学生支援GPの実践と新しい学びのかたち―

大島勇人
浜島幸司
清野雄多　著

東信堂

はしがき：大学の大衆化と学生支援ＧＰ

大学は大衆化し、少子化・学生の質の多様化などにより、大学を取り巻く環境は大きく変化したため、奨学金や授業料免除などを扱ういわゆる厚生補導業務の改善・充実を図り、時代の要請に応えうる学生生活支援の充実が急務となり、厚生補導から学生支援というパラダイム変換が起きた。また、公務員定員削減の流れに伴い、国立大学では事務の効率化が求められ、厚生補導業務を担当する厚生係が教育カリキュラムを担当する教務係と一体化し、学務係となった経緯がある。学生支援は部活・サークル等と同様に正課外の活動とみなされ、正課としての学士課程教育とは明確に区別されてきた。一方、大学は、社会から基礎学力に加え、コミュニケーション能力、責任感、リーダーシップ、協調性、創造性を有する人材の育成を期待されるようになり、学生教育における正課外の学生支援の重要性が増してきた。そのような時代背景から文部科学省の「学生の人間力を高め人間性豊かな社会人を育成する」優れた取組を支援する学生支援ＧＰ[1]が生まれたのである。

ここで鈴木厚人氏の興味深いコラムを紹介しよう[2]。『研究費等補助金の不正使用の報道が後を絶たない。そのたびに補助金の使用が厳しく規制される。……（中略）……例えば、「研究費を獲得する」、「概算要求を取りに行く」、「科研費をもらう」、「科研費があたった」というような言葉をよく聞く。このような、研究費に対する潜在的な意識・捉え方が、根本的に間違っている。言わずもがなであるが、我々の研究費は国民の税金でまかなわれている。この、お金を「獲得する」とか「獲りに行く」ということは、「奪う」、「盗む」ということと同じ発想である。また、「もらう」とか「あたった」という言葉には、まるで宝くじのごとく、その裏に「もうけた」、「自分のものだ」という思いが見え隠れする。研究費に対するこのような意識・捉え方を改めない限り、不正使用はなくならないだろう。研究者の基本的な姿勢の変革が必要とされる。……（中略）……私は、「文科省が銀行である」という発想が重要であると思う。上記において、研究者の基本的な姿勢の変革が必要であると述べた。その基本的な姿勢とは、文科省＝銀行と考える姿勢である。概算要求しかり、科研費しかり、我々は文科省に研究費を「獲りに行く」のではない、「もらいに行く」のではない、「借りに行く」のである。「概算要求が獲れた」とか「科研費があたった」ということは、儲けたということでは決してなく、銀行（文科省または国民）から借金をしたということなのである。つまり、負債を抱えたと思わなければならない。このことを、しっかりと認識する必要があるだろう。借金は返済が義務である。我々はそれを良い研究成果を挙げることによって、返済するのである。研究成果が出れば、研究者や国民にとってそれが利益となる。……（後略）……』

本学が申請した学生支援ＧＰ（http://www.jasso.go.jp/gakuseisien_gp/documents/jirei009.pdf）は四年間の文部科学省の財政支援を受け、学内外から高い評価を頂いたが、果たして、本学は文部科学省からの負債を返済することができたのであろうか。芥川龍之介の『藪の中』（「羅生門」というタイトルで映画化されている）は、藪の中で見つかった男の遺体をめぐって、関係者の証言が食い違う事を題材に、事実は一つでも、人の心理により解釈が異なることを示した小説である。本学の学生支援ＧＰにおいても、真実は一つでも、関わる人間の立場が異なれば、見えていること、受け止め方、認識は異なるのではないか。本学の学生支援ＧＰ申請書の草稿から関わり、学生支援の理念をベースに、学部を超えた学生支援の取組をプログラムとして企画した学生支援部門長の大島勇人（企画者）。学生支援ＧＰ担当教員として、プログラムを管理運営し、現場で学生支援プログラムにおける学生たちの成長と葛藤を見守ってきた浜島幸司（運営者）。学生の主体性とは何かを考え、学生として積極的にプログラムに参加し、充足感と共に失望感を味わった清野雄多（参加者）。学生支援ＧＰは、我々大学に何をもたらした（もたらす）のだろうか？学生の人間的な成長にどの程度寄与できた（できる）のだろうか？学生支援プログラムの成果と問題点は何だったのか？これらについて、企画者、運営者、参加者の立場で、それぞれが本音を語ることで、今まで見えなかった学生支援ＧＰの真実が見えるのではないかと考え、本書を企画した。『藪の中』では、三人の関係者の証言に食い違いがあり、結局「真実は藪の中」であり、読者は読み終えた後に何とも後味の悪い気持ちになる。本書では、三者の証言をぶつけ合うことにより、我々の取組の真実を明らかにすることができると考えた。

本学の学生支援ＧＰは平成二三（二〇一一）年三月に終了したが、ＧＰ終了後も学生支援プログラムは大学独自の取組として継続されている。学生支援ＧＰは一面では大きな成果をあげたようにも見える。学生支援ＧＰの実践を通して、我々は学生たちの人間的な成長を実感すると同時に様々な壁にぶつかり、学生支援プログラムの成果と問題点を感じたのも事実である。私たち三名は、学生支援ＧＰ終了後、平成二三（二〇一一）年四月より、おおよそ月に一回、歯学部大島研究室に集まり、振り返りを議論した。その意味で本書は、世代も、専門も、価値観も大きく異なる三名が一つのプロジェクト（学生支援ＧＰの振り返り）に対し、真剣に向き合った成果物でもある。私たちの願いは、今回実施した学生支援ＧＰの問題点を検証することで、総合大学で実施可能な理想の学生支援プログラムに求められる条件を提案することである。この提案が活かされる時に初めて文部科学省からの借金返済が完了したと言えるのではないだろうか。本書が大学構成員による「学生」の視点に立った学生主体の取組に活かされれば幸いである。

さて、本書の出版までの道のりは長く、振り返り開始から出版まで二年半の歳月が流れてしまった。草稿は一年前には用意できていたが、出版社がなかなか決まらず難航した。そのような状況の中、本書の企画に興味を持ち、我々が伝えたかった「学生支援の振り返り」にご賛同いただいた東信堂下田勝司社長に心より感謝を申し上げる。ご多忙にもかかわらず、本書の出版にご尽力いただくことになり、そのお姿は、我々にとっても大きな励みとなった。

尚、本書の表紙、漫画、挿絵はすべて（「東京での報告」の図1～3を除く）清野雄多作である。各文章の最後に「つぶやき…」欄を設け、他の二人からのコメントを添えている。また、本書の最後には活動年表を付し、学生支援プログラム全体の動きと三人の活動との関連、その当時の世相との比較ができるようにした。

著者一同

平成二五（二〇一三）年八月

1 「新たな社会的ニーズに対応した学生支援プログラム」のことを指す。詳細は、第1部第1章「本質を求めること」を参照。

2 『二〇〇七年東北大学泉萩会々報』掲載の高エネルギー加速器研究機構長の鈴木厚人氏執筆の「研究費等補助金の不正使用に一言」より引用。

マンガでわかる
学生支援GP
その一
学生支援GPとは？
本書を読む前に学生支援GPとは何か説明しましょう
GPはグッドプラクティス、実践的な学生支援のことです「新たな社会的ニーズ」からこの取り組みが生まれました
はじまりは平成一九年文部科学省が学生支援GPを公募人間性豊かな社会人を育成するための取り組みです
全国二七二校の教育機関がそれぞれ独自の取り組みを申請しました。審査とプレゼンテーションが重ねられました。
文部科学省
結果七〇の取り組みが採択されることに
採用
この本に書かれているのもその大学のひとつです

さて
見事に採択
された機関は
四年間
文部科学省から
予算をいただきつつ
取り組みを実行します
あとは
大学全体に
この取り組みを
周知させる段階
です！
実行のため、さっそく
各学部に協力のお願いを
どうか
よろしく
しかし
学部教育で十分じゃないですか
そもそも今以上、学生に負担を
与えてどうするのですか
教員にとっても負担になります
理念はわかりますが無理です
研究が滞ります
教育も確かに重要
ですが、私たちは
まず研究者なんです
ご理解ください
取り組みは採択されたものの
大学内からの強い反発で
実行は困難を極めました
だめか
しかし、辛抱強い交渉の末
各学部からのコンセンサスを
得ることができました
こうして学生支援GPは
学生を参加させるまでの準備を
整えることができたのです
次ページでは
この取り組みについて詳しく
解説したいと思います

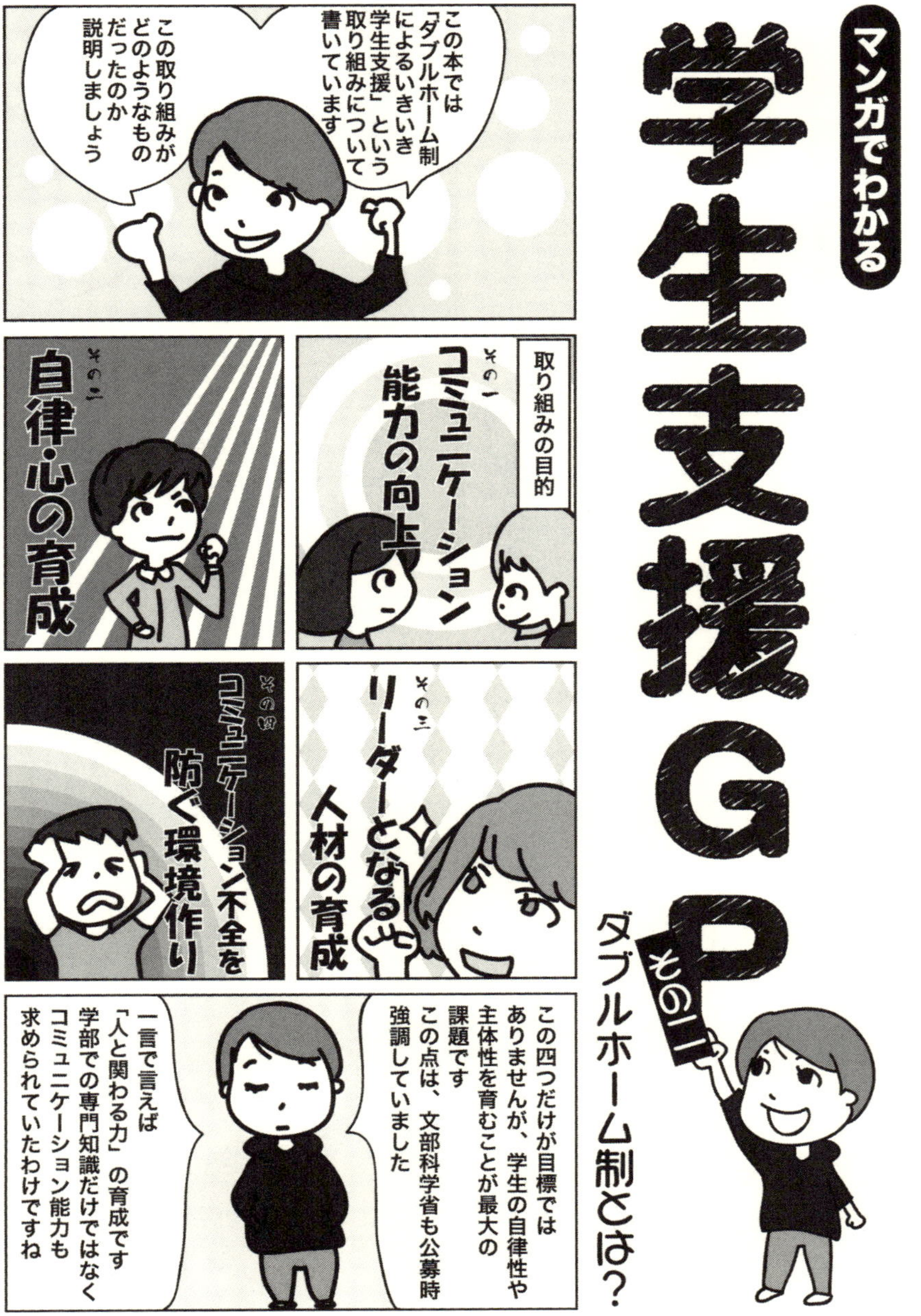
マンガでわかる
学生支援GP その二
ダブルホーム制とは?
この本では「ダブルホーム制によるいきいき学生支援」という取り組みについて書いています
この取り組みがどのようなものだったのか説明しましょう
取り組みの目的
その一
コミュニケーション能力の向上
その二
自律・心の育成
その三
リーダーとなる人材の育成
その四
コミュニケーション不全を防ぐ環境作り
この四つだけが目標ではありませんが、学生の自律性や主体性を育むことが最大の課題です この点は、文部科学省も公募時強調していました
一言で言えば「人と関わる力」の育成です 学部での専門知識だけではなくコミュニケーション能力も求められていたわけですね

ダブルホーム制に
参加する学生は、ひとグループ
十人程度です
しかも全九学部の混成！
同じ学部で重ならないように
割り振りされていました
さらに各グループには
職員が一～二名が配属され
職員さんは
普段事務をしています
そして教員も一～二名配属
これでひとグループが完成
別の学部で教えている
先生がやってきます
このグループを「ホーム」と
呼びます。拠点の意味です。
第一のホームは「学部」で
第二のホームがこのグループ。
二つのホームで教育を行う。
これがダブルホーム制です。
ホーム
各ホームには
「プロジェクト」という
活動テーマがあります
テーマは自由
教職員のサポートを
受けながら、学生たちは
各々の活動をします
GP開始当初は
プロジェクトを
大学が用意
していました
用意されたプロジェクトは
各学部で行われていた
フィールドワークでした。
他学部の分野で、しかも学外
というところが学生には魅力
でした。
普段は知り合えない学生と
全く経験のない領域で活動する
そんな環境で学生を成長させる
それがダブルホーム制です
四年間
ダブルホーム制を実践し
その総まとめを本書で
行いました
ダブルホーム制の
部門長、特任の准教授、
参加学生の立場から
ありのまま語っています

目次：学生支援に求められる条件

カバー、カット　清野雄多
装幀　中嶋デザイン事務所

登場人物紹介

大島勇人…現職は新潟大学医歯学系教授、専門は解剖学である。スイスで開催された国際学会参加中に教育担当理事より電話があった。それは採択になった学生支援GPの企画を実施に移すための組織(学生支援部門)の責任者になり、学生支援GPの取組の立ち上げに尽力して欲しいという依頼であった。学生の人間的成長に寄与することは自分の教育理念にも合致することなので、大役を引き受けることとした。その後、非常に密度の濃い部門長としての一年七ヶ月を過ごすことになる。本GPが学生の主体性を育むプログラムとして発展することを実感しながらも、総合大学での学部の壁を越えた学生支援の取組は、全学の教職員の理解と協力が必要であり、結果として数多くの困難を経験することとなる。部門長を退任してからは、プロジェクト担当教員として本GPに関わることになるが、我々が目指す学生支援の取組は、時代を先取りし過ぎた活動だったのかもしれない。第1部では、学生支援GPが学生の人間的成長にいかに寄与できるのか、その成果と問題点に迫ってみたい。

浜島幸司…突然、万年大学院生から学生支援GPの特任専任教員として新潟大学に着任する。社会学研究者。学生支援への理想と期待の高さとは裏腹に、待っている現実は困難の連続だった。学生支援GPを管理・運営する責任ある立場として、研究者ではなく、実践者として、学内の教員、職員、学生、そして学外関係の多くの方と関わり、学生支援GPが軌道に乗ることを心掛けて従事してみる。第2部では、任期付大学教員の日常と苦悩、そこから感じる学生支援GPの成果と課題を、自由に語ってみた。一言でいえば、組織、制度、事務作業、人間関係など、仕事を通じて多くのことを学ばせていただいた(己の至らなさも思い知った)。

学生支援GP終了後は、任期満了となり、退職。改めて同大学の学生支援主担当教員として雇用される(任期付)。学生支援は大学独自の取り組みとして継続することになり、同様の業務に従事する。しかし、任期を一年残して、次の職場が決まったため、五年四か月働いた新潟大学を去ることになった(本書の執筆の大部分は、新潟大学在職時におこなったものである)。

清野雄多…現在は、新潟大学歯学部の六年生。一年生から四年生までの間、学生支援GPに参加していた。僕たちは、学生支援GPに参加する初の学年だった。

僕は、第3部を担当しており、参加者から見た学生支援GPについて語っている。初年度に参加した学年ということもあり、学生支援GPの仕組みがまだ出来上がらない状態から、次第に出来上がるまでの変遷を経験することになった。その中で、学生から垣間見えた大学組織についても語っている。

さらに、自分が所属したグループでの活動についても書いた。僕は、学生支援GPの広報グループを新規に立ち上げ、広報誌を作る活動をしてきた。そこで経験したグループ活動の難しさ、グループ内でのいざこざについても書いた。

そして第3部の最終章では「学生の成長とは何か」というテーマを軸に、学生支援GPで得られたこと、学生支援GPでの反省点を書いた。

トップにいた大島先生、現場の統括をしていた浜島先生、そして参加者だった僕という三人の異なる立場から、学生支援GPの理想と現実が立体的に浮かび上がってきたら幸いである。

本書について

●各章は節ごとの構成になっている。節のおわりに執筆者以外の二人から「つぶやき…」としてコメントを載せた。それぞれ似顔絵（イラスト）をつけている。また、「注」がある場合、各章末に記してある。

●主に学生支援ＧＰ発足時から中間時期について触れている。学生支援ＧＰ期間の全てを記したものではない。巻末に活動年表を用意した。

学生支援に求められる条件

——学生支援GPの実践と新しい学びのかたち——

第1部　企画者から見た学生支援（大島勇人）

プロフィール

現職は新潟大学医歯学系教授。専門は口腔解剖学、口腔組織発生学で、歯学部における人体解剖学、大学学習法（歯学スタディ・スキルズ）等の教育に携わる。主要な研究テーマは歯髄生物学や歯の発生についての研究で、歯の発生機構や歯の損傷後の歯髄組織修復機構の解明から歯の再生へと研究を展開し、将来の歯や歯周組織の再生医療に繋がる研究をするのが目標である。昭和三六（一九六一）年七月に東京都港区東麻布に生まれ、東京タワーを見ながら小・中・高時代を過ごす。昭和五六（一九八一）年に新潟大学歯学部に入学し、昭和六二（一九八七）年に卒業（歯学士）、同年歯科医師となる。学部生の時に高校（私立芝高等学校）の先輩でもあった口腔解剖学講座の小林茂夫教授の「歯の痛み」の講義に感銘を受けたことが歯学基礎研究を志すきっかけになる。歯学部卒業と同時に新潟大学大学院歯学研究科（歯学基礎系）に進学し、平成三（一九九一）年に大学院修了、歯学博士を取得する。その後約二年間歯科医師として勤務医を経験した後に、平成四（一九九二）年に新潟大学助手（歯学部口腔解剖学第二講座）に採用される。平成九（一九九七）年に講師に昇任後、一〇ヶ月間文部省在外研究員としてフィンランドのヘルシンキ大学バイオテクノロジー学部に留学し、歯の発生研究における世界的権威であるIrma Thesleff教授のラボに加わる。平成一〇（一九九八）年に助教授に昇任後、平成一四（二〇〇二）年より新潟大学教授（大学院医歯学総合研究科顎顔面再建学講座硬組織形態学分野）に昇任し現在に至る。平成一六（二〇〇四）年度には新潟大学歯学部口腔生命福祉学科長に併任、平成一九（二〇〇七）年一〇月から平成二一（二〇〇九）年四月まで新潟大学全学教育機構学生支援部門長を併任する。

第一部では、学生支援部門長としての経験を基に企画者から見た学生支援について述べる。「学生の主体性を育む」では、本学の学生支援の概略について述べると共に、その課題と問題点にも触れた。「本質を求めること」では、学生支援GPの概略とその時代背景について述べた。「始めの一歩」では、学生支援GPの公募から申請、採択後のプログラムの立ち上げ、本学プログラムの概要について述べた。「学生支援の理念」では、本学プログラムの背景とコンセプトを述べ、そして学生支援の理念にも言及した。「学生の人間的成長に必要なこと」では、学生の自主的な勉学に必要な大学教員のミッションについて述べた。「アリゾナの視察」では、アリゾナ州立大学における学生支援、アウトリーチ、サービス・ラーニング、ポートフォリオ調査の結果を述べた。「ポートフォリオの重要性」では、学生支援GPの事業の一つとして開発したeポートフォリオについて述べた。「教員のための学生支援」では、教員が学生支援に関わることの重要性について述べた。「東京での報告」では、独立行政法人日本学生支援機構が企画した意見交換における本学学生支援GPの成果発表について述べた。「プロジェクト担当教員として」では、筆者と広報を担当するXグループとの関わりを述べた。「部門長の仕事、部門長から見た学生支援部門」では、ボランタリーな教員に頼っている現状の学生支援プログラムの限界について述べた。

「学生支援の課題と展望」では、一年七ヶ月間の学生支援部門長を経験して明らかになった学生支援の課題と展望について述べた。「部門長を辞めたとき、辞めてから」では、ボランタリーで行う部門長の仕事の限界、そして部門長を辞める原因について述べた。「秋田県立大学との交流」では、本学と秋田県立大学との交流について述べた。「三年前を振り返って」では、部門長を退任して三年後に現在と当時を比較して、ボランタリーに頼っている学生支援の現状に触れた。

第1章　学生支援GPが学生の人間的成長にいかに寄与できるのか

1　学生の主体性を育む

平成二〇（二〇〇八）年三月に米国アリゾナフェニックス空港に降り立った。アリゾナ州立大学における学生支援、アウトリーチ[1]、サービス・ラーニング[2]、ポートフォリオ[3]調査が目的である。この調査中、何人かのアリゾナ州立大学の学生をインタビューした。その一人は学部卒業後にメディカル・スクールに進学し医者になることを考えていたが、大学が用意したコミュニティー・エンゲージメント・プログラム[4]に参加し、社会奉仕する価値について学んでいた。将来展望だけでなく、社会の中での自己の価値観や、人生の生き方についていきいきと語っている姿が、今でも強い印象となっている。

平成二〇（二〇〇八）年四月に学生支援ＧＰ成果発表会が行われた。一〇グループの学生代表が三ヶ月の活動成果を発表する初めての場であるが、学生たちが自らの成長を語っている姿に、学生支援ＧＰの意義を実感することができた。大講堂での報告会の最後に、一二〇名を超える出席者を前にしてマイクをもった、いきいきとした学生の姿があった。「大学に入ったら、授業を受けては試験をパスしてと、卒業するために決められた過程をただ生活している自分に気がついた。製品をつくるためのベルトコンベアの上に乗っているようだ。大学に入ったときの期待で一杯の気持ちはどこに行ったんだろう。僕たちは、自分の思いと、自分の知識で社会にエントリーしたい。もう一度、自分のやりたいことを、このプログラムで考えたい。」と広報を担当するグループの立ち上げを高らかに宣言した。この学生がこの本の著者の一人清野雄多君であるが、これが学生の主体性だと実感した瞬間である。

その後の学生支援ＧＰは順調に進んだ。長岡市栃尾表町での雁木づくりのデザインコンペティションに参加して、メンバー全員で一つのものを創り上げる過程から仲間の絆を育んだ学生たち、過疎・高齢化問題を抱える阿賀町の地域の人たちと絆を深め、社会と関わるやりがいと責任を育んだ学生たち、広報誌の発行からビデオ制作まで、大学構成員における学生支援ＧＰの目的と意義の共有化を図った学生たちなど、二〇年度に活動した一九のグループそれぞれに学生の自主性や人間的な成長を感じ取ることができた。それどころか、学生の力は、我々教職員の予想を遙かに超えていた。

平成二〇（二〇〇八）年一二月に学生支援ＧＰ初めての学外公開シンポジウムを開催した。ここでは、社会で活躍できる人材育成における「知の総合化」の重要性が議論された。つまり、異なる学部の学生・職種の異なる職員・専門の異なる教員が地域をフィールドに地域の人々とその社会の課題に関わる事が重要であり、本学生支援ＧＰは、若者の知、経験者の知、専門家の知、地域の知を統合するプログラムであるという共通認識を持つことができた。しかし、このとき学生はその中心にいたとは言えなかった。本プログラムが学生の主体性を育むプログラムであるならば、その中心には学生がいるべきである。

本プログラムは大きな成果が得られると共に、課題や問題点も明らかになった。本プログラムの発展のためには、全学の教職員の理解と協力が不可欠であり、一人でも多くの教職員が「新しい学びのかたち」の構築へ主体的に参加すれば、本プロジェクトが学生の主体性を育むプログラムとして発展することができただろう。しかし、現実はそう簡単ではなかった。

つぶやき…

成果発表会では私は司会をしていました。各グループの報告は時間をかけたよいものでした。清野君のコメントもあり、よい船出をしたと思いました。しかし、この後に学内（教職員）の調整に相当な労力を払うことを予想だにしませんでした。組織の問題、仕組みの問題を理解したのは、もっと後になってからです。

僕もよく覚えています。大学組織にも信頼感がありましたし、期待と興奮だけが胸にありました。

2　本質を求めること

「智に働けば角が立つ。情に棹させば流される。意地を通せば窮屈だ。とかくに人の世は住みにくい」とは、有名な夏目漱石氏の『草枕』の冒頭の一節だ。「正論を言えば他人と摩擦を起こし、感情をコントロールできないと事態が悪くなり、自分の意地を通せば他人に気を遣わないといけなくなる」という人間社会の有り様を漱石流のユーモアで表現している。人間社会では、人それぞれ異なる目的・価値観をもつが故に、この様な不都合が生じるのである。異なる目的・価値観をもつ集団では、正論を言わず、本質を求めず、体裁だけを繕った方が、他人とは摩擦を起こさないのも事実である。学生支援に対する多様な考えをもつ教職員を相手に学生支援ＧＰの本質を求めると、教職員に様々な不協和音を引き起こすことになる。だからと言って、体裁だけを繕えば良いはずはない。体裁を繕うだけでは、学生支援ＧＰの目的を達成することは出来ない。したがって、目的達成のためには価値観の共有化が必要なのだ。もっと言えば、大学構成員による「学生」の視点に立った学生主体の取組を実現するために、大学は共通の目的・価値観を

もたなければならない。

ここで、学生支援GPについてもう少し詳しく触れておく必要がある。「学生支援GP」とは「新たな社会的ニーズに対応した学生支援プログラム」のことを指す。GPとは「Good Practice」の略で、高等教育における教育改革の「優れた取組」を指し、文部科学省による競争的予算配分の象徴となっている。「優れた取組」を申請した大学が選定され、採択された大学は「優れた取組」に関する情報を他の大学に積極的に提供することが求められる。平成一六（二〇〇四）年からの国立大学の法人化に伴い、国立大学の財源は国から交付される運営費交付金に依存しているため、GPの様な別枠の財政支援を獲得することは大学運営の観点からも非常に重要な意味を持ち、GPを獲得している事実そのものが大学ブランドを高めるという相乗効果もあり、大学は戦略的にGP獲得を目指すこととなる。その一方で、「優れた取組」と「現実」の間に乖離があると、GP獲得というプラスの財政支援と引き替えに、理想と現実の狭間でこれまでにない負担を教職員に強いることになるのだ。

平成一九（二〇〇七）年度に文部科学省は「学生支援GP」の公募を開始した。学生の人間力を高め人間性豊かな社会人を育成するため、各大学・短期大学・高等専門学校における、入学から卒業までを通じた組織的かつ総合的な学生支援のプログラムのうち、学生の視点に立った独自の工夫や努力により特段の効果が期待される取組に対して、財政支援を行うことで学生支援の充実を図るのが、本GPの目的である。学生支援GPの公募は、受験生が入る大学・学部さえ選ばなければ誰でも入学できる「大学全入時代」（「大学の大衆化」）と様々な社会的課題が背景になっている。少子化、ニート・フリーターの増加、当時の安倍内閣が主唱した再チャレンジという社会環境下で、大学は、資質、能力、知識の異なる学生、留学生、障害のある学生など多様な学生を受け入れ、社会に送り出す使命があるのだ。一方、卒業生を受け入れる企業からは、基礎学力に加え、コミュニケーション能力、責任感、リーダーシップ、協調性、創造性を有する人材を受け入れたいという要望がある。修学支援、学生相談、就職支援、健康・メンタルヘルス支援、経済的支援、課外活動支援、学生生活上の支援、留学生への支援、障害のある学生への支援といった、これまでの学生支援の取組に加え、新たな発想や効果的な方法等により、相乗効果を生む特色のある優れた支援の取組を提案することが、学生支援ＧＰ経費補助の対象となる。平成一九（二〇〇七）年度には二〇七校の大学（その他六五校）が申請をし、四八校の大学（その他二二校）が採択になったので、本学の取組は採択率二三％の難関を突破したことになる。

つぶやき…

「学生」の視点に立つことはおっしゃる通りだと思います。私にとっての疑問は、大学は「学生」のことをどのくらい理解しているのだろうか？ということです。学生の視点に立つにも、学生の生活、抱えている悩み、将来などわかっていないと次の方策を出せません。大学は学生に対して、どれだけ「愛情」を持って接しようとしているのか、実は学生支援ＧＰはその「愛情」の形を示したものではなかったかと思っています。文部科学省が認めた大学の愛は、学生に伝わったのでしょうか？特任教員に対する愛はあまり感じませんでした。

「学生の視点に立った」とあるのが皮肉ですね。最後まで「大学が用意した企画をうまくやる」のが僕たちの取組になってしまいました。

3　始めの一歩

平成一九（二〇〇七）年五月に文部科学省より平成一九年度学生支援ＧＰの公募について通知があり、本学では、教育担当理事を中心にプロジェクトチームが結成された。本プロジェクトチームでは、教員と事務職員が協働でＧＰの申請書をまとめるという、本学では前例のない試みとなった。申請書をまとめる実施のチーム・リーダーは学生支援

担当副学長が務め、プロジェクトのブレーンは工学部教授があたり、理系、文系、医歯系、教育関連センター、事務部からメンバーが選出された。私は医歯系の代表という位置づけだ。

本GP事業は「学生の人間力を高め人間性豊かな社会人を育成する」というキーワードをもとに「入学から卒業までを通じた組織的かつ総合的な学生支援のプログラム」を提案するというものであり、副学長と工学部教授二人の強力なリーダーシップと斬新なアイデアをもとに、プロジェクトチームのメンバーが、昼夜、休日を問わず集い、申請書をまとめ上げた。申請書の文面については、メンバー間で一字一句推敲に推敲を重ねるという綿密な作業を通して完成させたもので、平成一九年七月に申請書を提出し、八月のヒアリングを経て、八月末に採択の連絡を受けた。

採択を受け、実施についての具体的検討を開始し、実施組織作り、広報活動を開始した。各学部への説明と協力依頼を行い、平成一九年一〇月には、本学学生支援GP事業の企画・実施組織としての学生支援部門、学生支援部門長の設置が承認され、私が部門長に就任した。

本プロジェクトでは、「第一のグループ」と「第二のグループ」の二つのグループを規定している。「第一のグループ」とは、学生が入学し卒業するまで「学び」を支援する学部・学科である。本学は多様な学問分野・領域を有する総合大学であるが、これまで学部・学科を横断して幅広く学生と教職員が繋がりをもつような場はなかった。そこで、文系、理系、医歯系の学生が専門の壁を取り払って自由に参加できる「第二のグループ」を設けた。

「第二のグループ」では、主に本学の教員が地域と連携して取り組んでいるプロジェクトに参加する。プロジェクトへの関わり方はグループにより異なるが、どのように関わるかはプロジェクト担当教員と相談しながら、グループ自身が決めることになる。この第二のグループでは、学部を越えた新しい仲間との交流を深める場となるだけではなく、多様な価値観の方とのふれ合いから生まれるコミュニケーション能力の向上、生活者の立場で見ることによりわかる自分の専門分野の必要性と重要性の認識、いきいきとした学生生活によって構築される、悩みに陥ることを未然に防ぐ環境（予防的環境）の整備、卒業後も財産となる人との繋がりから生まれるネットワークの形成、といった様々な効果が期待された。

本プロジェクトは、第二のグループにおける学生主体の活動を通して、社会で活躍するために必要な力、とりわけ「人と関わる力」を育むものである。他大学での取組においても、学生がグループをつくって地域と関わるプログラムは存在するが、本学のような総合大学において、学部を超えたグループ活動は他に類を見ない。本プログラムは本学独自の取組であり、この様な取組が総合大学でも実施可能であることを示すことができた事の意味は極めて大きい。本プログラムを通して学生たちが成長していく様を目の当たりにし、本プログラムの意義や有効性を示すことができた。一方で、本プログラムがかつてない新しい取組であるが上に、部門が抱える問題点や課題も明らかになったのである。

つぶやき…

学内有志の皆さんで知恵を集めた成果、よい申請書だと思います。私は当時、部外者なので、余計にそう思ったのかもしれませんが、やはり「いいことばかり書きすぎ」ている気がします。それも審査された人も、薄々感じていたのではないでしょうか?全学で実施する案が、結局、大学の意志で規模を縮小することになったわけですから。

申請書は良い内容だと思います。当時の僕は、これを書いた人が学生支援ＧＰの運営者だと思っていたので、申請書と現実がかけ離れていることに困惑していました。

4　学生支援の理念

人間関係の希薄化が社会問題となっているという。同年齢で同じ考え方の狭い集団の中で暮らすことを好む若者が増えており、そのような若者が大学にも進学してきているようだ。これらの若者はメンタル面で弱く、社会から遊離しやすく、結果としてコミュニケーション能力の低下を招くこととなる。そこで本学の学生支援ＧＰでは、学生がこの様な状況に陥ることを未然に防ぐ予防的環境の構築を学生支援の中心に据えた。具体的には、学生がグループをつくり、本学教員が実施している教育・研究プロジェクトを通して、地域の人との関わりや研究の一端に触れる事で、学生同士のコミュニケーションの場(予防的環境)を提供しようというコンセプトである。

大学、特に理系や医歯系では、専門的な知識や技能を習得し、卒後にその専門性を活かした職業に就くことが多い。従って、卒後にはサービスの提供者となる場合が多く、サービスの受け手、すなわち生活者の視点をもつことは、将来の自分の専門分野の必要性と重要性の認識だけでなく、生活者の置かれた環境・状況やニーズを知る良い機会となる。各学部・学科の学生は学年が進行すると、より専門分野に限定された人間関係の中に置かれ、他の専門分野・領域の学生や教員と交わる機会が少なくなるので、健やかな人間的な成長のためには、意図的に分野を超えた交流をすることが求められる。これまでも、部活、サークルやボランティア活動などの課外活動を経験することで、多様な価値観をもつ人たちとの交流が可能となり、人間的にも偏りのない幅のある人格形成が可能であった。しかし、部活、サークルやボランティア活動に参加するためには学生が能動的な行動を取る必要があり、既に明確な目的が決まっていることから、目的を共有できないと一歩を踏み出せないのが現実だ。

学生支援は、学生の能動的な活動に依存するのではなく、受動的な学生の知的好奇心をも喚起するようなシステムであることが望ましい。それが無理でも、望むと望まずとに拘わらず広く学生の参加を促す様な仕組みが必要であるし、多くの学生の参加を可能にするためのプログラム実施体制が必要になる。

学生たちを専門家（＝学士）として育成するだけではなく、卒業後に一市民として社会に参加し、社会をより良く豊かにするために活躍出来るような人材として育成することが重要だ。我々が出来ることを考え、学生のみならず教職員もこうした価値観を共有し、実践していくことが重要であろう。そのためには、我々大学教育に携わる者が率先して学生支援の位置づけを明確化し、様々な学生の人間的成長を促すプログラムを用意し、「知の総合化」と「学生主体の活動」を構築する必要がある。

学生支援の理念とは、学生の主体性を育むと共に、学生が社会で活躍するために必要な力、とりわけ、「人と関わる力」を身につける事である。これは単に自分の意見を主張すると言うことでなく、多様な価値観を認め、他人の意見に耳を傾け、目的達成のために正しいと信じることを主張し、互いに議論をして解決策を見つけることである。学生たちは、自分の目標実現に向かって努力する過程で、様々な人と触れあい、意見をぶつけ合いながら、時間をかけて「人と関わる力」を身につけていく。

しかし、今や短期的な期間の中で効率性の高い成果が求められる時代であるのも事実である。このような時代に対応していくためには、本質ではなく、形を求めがちになってしまう。成果を優先的に求めていくのであれば、学生の主体性が損なわれ、本質と正反対の型にはめた出来の良い学生を求めてしまいかねない。学生支援の理念の実現のために、長い目で学生の成長を見守るべきである。

つぶやき…

予防的環境の構築……は早すぎた気がします。学際的なコミュニティを作り、学生支援部門主導で、学生が自由な企画を作れる場になることを優先してもらえれば、違う成果が出ていたと思います。仕組みが複雑すぎて、ルール作りに過大な時間を費やしました。もっとシンプルで、トライアル&エラーを許す雰囲気がほしかったです。

主体性とは、問題を発見し、解決のための試行錯誤をすることだと思っています。しかしある事象を「問題」とみなすかどうかは個人の価値観によります。大学は何をもって「主体的」と判断しようとしたのでしょうか。

5　学生の人間的成長に必要なこと

私は学生時代に全学の学友会運動部に所属しており、卒業後もOB・OG会の事務局業務を続けていた関係で、他学部を卒業した先輩方と親交をもつ機会を得ている。その中に、理学部卒業後、高校教諭の道に進まれ、最後は県内の高等学校の校長先生を務めていた先輩がおり、今から一五年ほど前の定年退職時に興味深いことを述べられていた。「今まで生徒に勉強を教えてきて分かったことは、教えるということは自ら学ぶことに他ならないことだ。教師とは一生勉強しなければならない職業だ」という内容であったと思う。教える立場になって初めて、主体的な勉学の必要性が理解できるということで、大学教員として約二〇年間教育に携わってきた今の私の立場でも、その言葉の重みを理解することが出来る。

自分の学生時代を振り返ってみても、そして、今教えている学生たちを見ても感じることは、学生たちには「何が重要か」の優先順位が見えてないということだ。学生たちは、はっきりした形で自分にとっての必要性が見えない授業科目については、ただ卒業要件を満たすためだけに単位を取得し、主体的な学習とはかけ離れた態度を取る場合がある。学生たちは、卒業後に社会に出て人生経験を積むに従い、自分にとって何が必要なのか、物事の優先順位に気がつくのである。その時には、本当に必要に迫られた事以外は、自ら主体的な勉強をする余裕や時間がないのが現実だ。今から思えば限りなく自由な時間のあった学生時代にもっとすべきことが沢山あったと後悔しても遅いのである。自分が知りたくないことについては、これは常識だからとか、自分は知っているなどと思い込み、自主的に情報を遮断してしまう5のが学生なのである。

学問とは「教わる」ものではなく「学ぶ」ものである。もっといえば、「学び」かつ「問う」ものである。「教わる」ことのできる知識はしれている。しれているとは量がしれているという意味でなく、本当の意味で身につかない6のだ。従って、大学教員のミッションは「教える」ことではなく、今学生にとって何が必要なのか、物事の優先順位を悟らせること、そして、学生に主体的な学習態度を身につけさせる事であろう。学生の主体的な学習を促すためには、教育者としての魅力、教育者としての情熱、教育に対する向上心が重要で7、教員自ら向上心をもって主体的に学問と向きあうことを迫られる。学生の主体的な学習には、教員の研究者としての魅力も重要な促進効果となる。

学生に必要なものは他にもある。学生たちが、物事を特にそれと意識したり、分析するのではなく、それ以前に、ある種の感動をもち、ある印象をもち、こころを動かされること、すなわち「感受性」をもつことである8。「感受性」を育むためには、やはり、経験が必要になる。受験戦争を勝ち抜く事を目標に、受験に必要な授業科目だけを主体的に勉強し、社会からは隔離された狭い人間関係・価値観の中で育ってきた子供たちに「感受性」を求めるのは難しいのかも知れない。そういう意味で、学生に、専門的な知識や技術を教授するだけでなく、「感受性」を育むことも、大学の重要なミッションである。主体性を育むと共に、社会で活躍するために必要な力、とりわけ、「人と関わる力」を学生に身につけさせるための大学の活動は、「感受性」をも育むことに繋がる学生支援であると言えるのではないだろうか。学生たちが、キャンパスの外に出て、地域社会と関わることは、「感受性」獲得のための有効な方略だ。学生たちが地域社会と関わることで、その地域が抱える様々な問題を知り、多様な価値観をもった人々と触れあう、一市民として自分に何が出来るのを考える、そして、仲間と議論をする、といった経験が、将来の自分の専門を見つめ直し、「感受性」を育む良い機会となるであろう。

つぶやき…

「感受性」を伝えるためには、教職員も身分や肩書にこだわることなく、一社会人として、学生に誠実に接していくことなのだと思います。学生支援ＧＰで、それができたのは何人いたのでしょうか？大島先生は、まさに有言実行、できていました。一方、私は……。だからこそ、できない教員の気持ちは多少ですがわかります。

「優先順位」のつけ方は、僕はよく分かりません。「学び・問う」ことがアカデミックな世界で重要だとしても、給料をもらって働くためには「とりあえず単位を取る」ことも重要だと思います。結局のところ、いつだって生活が優先されてしまうような気がしますし、それはそれで正しいことのようにも感じます。

1 社会貢献。
2 大学教育と社会貢献とを融合させた教育プログラム。
3 学びの伸びや変容を多面的多角的、かつ長期的に評価し、新たな学びに生かすために学習物を集めたもの。
4 社会奉仕活動教育プログラム。
5 養老孟司著『バカの壁』(二〇〇三年　新潮社)より引用。
6 佐伯啓思著『学問の力』(二〇〇六年　ＮＴＴ出版)より引用。
7 齋藤孝著『教育力』(二〇〇七年　岩波書店)より引用。
8 佐伯啓思著『学問の力』より引用。

第2章　学生支援GPの実践を通して得られた成果

1　アリゾナの視察
2　ポートフォリオの重要性
3　教員のための学生支援
4　東京での報告
5　プロジェクト担当教員として
6　部門長の仕事、部門長から見た学生支援部門

1　アリゾナの視察

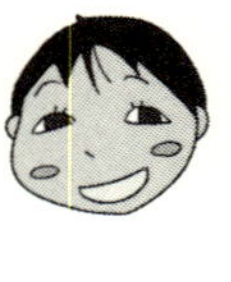

平成二〇(二〇〇八)年三月に、アリゾナ州立大学における学生支援、アウトリーチ、サービス・ラーニング、ポートフォリオ調査を行った。教育社会学を専門としていた神原信幸特任准教授(当時)が米国高等教育における学生支援に関する研究[1]のために渡米していたので、学生支援で先進的な取組をしている同大学を視察する機会を得た。私が視察に加わったのは二日間だけであり、一面的な視察しか叶わなかったが、私は、アリゾナ州立大学が一貫した教育方針として学生支援活動を重視している姿勢を十分に把握することができ、強い感銘も受けた。

コミュニティー・エンゲージメント・プログラムに参加する学生にインタビューする機会を得た。彼は、無医村過疎地域での医療サービスのアシスタントをするプログラムに取り組んでいた。彼によると、初めは現実的な動機(経歴と報酬)があったことは認めたうえで、プログラムに参加した結果、自己の職業(かれは学部卒業後メディカル・スクールに進学し医者になることを考えている)、自分の小さな活動が社会を少しでも変える力になりえること、現在だけでなく将来もリーダーとして社会実践をする価値について学んだことなど、個人の将来展望だけでなく、社会の中での自己の価値観や、人生の生き方ついて学んだという話をしていたのが印象的であった。

eポートフォリオの視察も行った。eポートフォリオの構築については、これまでどのような共通した定型的なコンテンツや項目フォーマットを用意するのかを主眼に置いて考えていたが、アリゾナ州立大学におけるeポートフォリオは大きくコンセプトが異なっていた。eポートフォリオには、レジュメ、ジャーナル(兼ブログ)、画像、制作物、ウェブ・スペースがあり、学生の用途によりフリーウエア・ソフトを追加し、機能の拡張、また、授業カリキュラムとも連携する仕組みもあり、決して型にはめたものを一律的に課しているわけではなかった。ポートフォリオの内容は必要に応じて一般公開し、大学における自己の人間的成長を含めた学習・成長のツールだけでなく、学生時代に学んだ知識、スキル、インターンシップなどの様々な経験、実際の成果物を雇用市場や進学先にアピールするツールとして活用されているとの説明があった。すなわち、授業であれば、あくまでもその現場に立った教員の教育的意図を生かした仕掛けであり、その他の学生の活動であれば、その活動の趣旨や学生の創造的な活用の促進という本質的で汎用的な利用価値を追求しているのは、極めて論理的に整合性が高いことを確認した。本学において運用しているネットワークを用いた学務情報システムについて紹介すると、担当者から本学におけるeポートフォリオの構築についてのアドバイスを受けることもできた。

アリゾナ州立大学のコンセプトは、大学と地域社会が相互に利益をもたらす関係を重要視することで、大学と地域社会が一体となり発展することが使命であることが強調されていた。同大学は単に専門家を育成するというだけではなく、卒業後に社会で、一市民として社会に参加し、社会をよりよく良く豊かにするために活躍出来るような人材を育成するために、様々な学生の人間的成長を促すプログラムを用意し、学生のみならず教職員もこうした価値観を共有し、実践していくことに務めている。さらに、地域社会と一体となって発展するという公立大学の役割を明確に提示し、素晴らしいキャンパスと共に、大学としての魅力を存分にアピールしていることが印象に残った。

つぶやき…

私もアリゾナに行く予定でしたが、学生支援部門を空けておくわけにはいかないということと、英語ができないということで見送り、留守番となりました。大島先生から、アリゾナでの様子はことあるごとにお聞きしました。DVDもいただきました。先駆的であるので、日本の大学では今のところマネはできないと思います。学内組織自体がうまくまとまらない状況ですから、目新しいものを付加させることは実務的に無理でしょう。

海外のことはよく知りませんが、一般的に言って、日本の大学は世間から遊離しているようです。大学自体が「常識からズレている」と思われているのだから、いわんや学生をや、ですね。

2　ポートフォリオの重要性

私は、読むだけで会議の内容がイメージできる様に、適確かつ簡潔、そして必要かつ十分な情報をA４一枚の議事録にまとめるように努めている。このような議事録は忙しい教員が短時間で必要な情報を効率よく招集するのに役立つし、議事録が蓄積されると、貴重なデータベースとなる。

学生支援ＧＰでは、学生たちがグループを作って、主に本学の教員が地域と連携して取り組んでいるプロジェクトに参加する。実際の地域活動に参加するまでにグループ内でミーティングを重ねる事になるが、議事録や事前学習、そして地域活動や事後学習を記録に残す事は重要である。なぜならば、グループ内で目的と価値観の共有化が図れないと、グループとしての活動が意味のあるものにならないばかりか、ミーティングや地域活動に参加出来なかった学生が孤立することになり、他の学生たちと距離感が出来てしまう。結果として、学生支援ＧＰの目的である、「人と関わる力」を育むための、学部を越えた新しい仲間との交流や多様な価値観の方とのふれ合いから生まれるコミュニケーションが実現出来ないからだ。

個人の活動記録をファイルしたものをポートフォリオ(portfolio)と呼ぶ。学びの過程で用いるポートフォリオは、「自分が自発的に学びの伸びや変容を多面的多角的、かつ長期的に評価し、新たな学びに生かすために学習物を集めたもの」と定義できる[2]。小中高等学校で行われている「総合的な学習の時間(総合学習)」では、子どもにどの様な資質・能力を付ける必要があるのか、そのためにどのような学習活動が必要になるのかが教師や保護者、地域住民、専門家等の間で共通に認識されることが大切であり、その評価については、ポートフォリオが注目されている。

私たちは学生支援ＧＰの重要な事業として、「キャンパスブログ」という名称のｅポートフォリオ開発を行った。「キャンパスブログ」は、それぞれのグループの学生が、地域活動等の記録や事前・事後学習を記録すると共に、グループの学生間および学生とグループ担当教職員間の双方向の情報交換を行うためのツールである。本システムは、学生が日記を書く様な感覚で地域活動等の記録や事前・事後学習を記録できるようになっており、写真や作成したファイルを簡単にアップロードし、グループ間で共有できるシステムになっている。キャンパスブログは商用サイトのブログと比較すると、いくつかの違いがある。商用サイトの場合、個人もしくはグループでブログを立ち上げて、一つのブログ上で双方向の情報交換を行う。キャンパスブログでは、グループの学生・教職員がそれぞれブログを立ち上げ、それぞれのブログでインタラクティブな情報交換が可能になる。また、名前の公開方法の違いがある。商用サイトのブログは匿名性をもたせているのに対し、キャンパスブログでは(学内に限定しているが)名前を公開するシステムになっている。これは、自己の発言に責任をもたせるためだが、匿名性をもたせては実際のグループの活動に支障をきたすからでもある。さらに、公開の範囲が違う。商用サイトのブログでは一般公開しているのに対し、キャンパスブログでは学内に限定される。

教員の立場からeポートフォリオを考えてみると、講義等の活動の教育的意図を支援する仕掛け(ティーチング・ポートフォリオ)であり、学生の立場としてみれば、その活動に則った履歴だけでなく、ツールを活用することによって創造性を養うという本質的な教育経験(ラーニング・ポートフォリオ)になっている。キャンパスブログは、eポートフォリオの用途にも活用できるシステムになっている。

つぶやき…

大人もそうですが、学生にとって記録をつけるというのは苦痛でしかないのです。記録を付ける意味がわからない(先が見えない)からです。楽しく、苦労なく、記録を推奨する方法をあれこれ考えましたが、一部の真面目な学生を除いて、ほとんど継続できないものでした。自主的に学ぶということに慣れていないことも原因だと思います。いずれにせよ、理想と現実を思い知らされました。

書いたところで誰も読まない文章は、採点しない答案のようなものです。他人に提出する必要がありません。

3　教員のための学生支援

大学教員というのは、「学問の自由」を持つ。真理の探究は学問の根幹であり、外部からの干渉は許されない。また、大学における研究・教育の自主独立を守るために「大学の自治」は必用不可欠なものとされている。この「学問の自由」という概念は、同じ大学構成員であっても、他者が個々の教員の専門分野にはなかなか踏み込めないことを意味し、大学という組織の中で個々の教員は自分のアイデンティティを保つことが出来るのである。従って、自分の専門性を活かして、学生の教育・研究指導、自らの研究を行う責務を全うしていれば、その成果について説明責任は求められるものの、誰からの干渉も受けず、一般社会から隔絶した環境で生活をすることも可能だ。もちろん、学部の性格によって、社会との関わりの深い専門分野から、そうでない専門分野まで多岐に渡るので、教員の置かれている環境は様々である。同じ学部内でも、学部が異なれば尚更、教員により教育・研究に対する考えや価値観は多様であり、教育・研究者としてのキャラクターは大きく異なる。一方、医歯系の臨床系教員は患者を相手にするという特殊性があり、常に目の前の現実に向きあい、決断を迫られる環境にいるので、それ以外の学部の教員とは明らかにキャラクターが異なる様だ。九学部をもつ本学には多様な専門分野の教員がいる訳だが、そのキャラクターは学部により異なり、殊に医歯系の学部のあるキャンパスとそれ以外の理系・文系学部のあるキャンパスの二つのキャンパスで教員のキャラクターも文化も大きく異なることとなる。

教えるということは自ら学ぶことに他ならないのと同じように、学生の人間的成長に関わることは教員の人間的成長にも関わることになる。人は、子を生み、子育てを通して、親として育っていくのと同じだ。従って、教員が学生支援にポジティブに関わることは、教員の人間的成長にも繋がるのではないだろうか。卒業生を受け入れる企業からは、基礎学力に加え、コミュニケーション能力、責任感、リーダーシップ、協調性、創造性を有する人材を受け入れたいという要望があることは述べた。それでは、そのような卒業生を育む大学の構成員は、企業から求められている能力やスキルを持ち合わせているのであろうか。自分に能力やスキルがあるかないかは別にして、少なくとも教員は、社会で求められている人材像を理解し、そのような卒業生を育てようとする意識は必要であろう。学生との関わりを拒否している教員には、学生の人間的な成長に関わることは難しいであろう。社会で求められている人材育成の観点から、積極的に学生支援に関わることの出来る教員を一人でも多く育成することは、学生支援の理念を実現するために最重要の課題と言えるのではないだろうか。

学生支援ＧＰの計画調書に従って企画を実施に移す際に、学生支援部門長として各学部教授会で説明をし、学生支援への協力を求めた。他学部の教員と議論をする機会を通して、私自身初めて、自分が育った学部と他学部とで考え方や価値観が異なることを知るのである。自分と異なる考えをもつ他者との議論を通して、自分の考えや価値観が明確となる。多様な考えや価値観を知り、理解しようとすることで、物事の考え方の引き出しを増やすことができる。学生支援ＧＰに対して、当初不安や疑問を投げかけていた教員が、学生支援プログラムを通して、異なる学部の学生、職種の異なる職員、専門の異なる教員と関わり、地域をフィールドに地域の人々とその社会の課題を考えることにより、学生支援プログラムにポジティブに関わるようになったのである。「教員のための学生支援」であるという認識が、学生支援にポジティブに関わる教員を増やしていったのは事実である。

つぶやき…

申し上げにくいことですが、本学生支援ＧＰに対して、ポジティブ：ネガティブ：無関心＝〇：五：五、これが私の教員イメージです。味方はいません（本当は数名いました）。敵しかいません。それでも本プログラムに教員参加は不可欠ですので、お願いしないわけにはいきません。ここでの徒労感は、未だに癒えません。返り討ちにあった先生方のお名前は、私は一生忘れませんが、それは言えません。

大学の先生は忙しい。見ていれば分かります。そこに「学生支援」の仕事を加えるのですから、反発があって当然です。先生たちの仕事は、会議と研究、それに絡んだ人間関係の調整でしょう。直接的な見返りのない学生教育なんて、後回しにされても仕方ありません。

4　東京での報告

平成二一（二〇〇九）年二月に平成二〇年度「新たな社会的ニーズに対応した学生支援プログラム」意見交換会（関東・甲信越地区）が東京で開催され、本学を含めて三大学がそれぞれの学生支援活動を発表した。独立行政法人日本学生支援機構が企画したこの意見交換には約八〇名の参加があった[3]。

この意見交換会では、本学の取組の背景、プログラムの内容（予防的環境の構築）、学生支援プロジェクトによる効果、企画・運営組織、ＰＤＣＡサイクル、ｅポートフォリオ、今後の計画、広報活動、取組の評価・改善、活動報告、課題と展望、成果について発表した。

学生支援ＧＰは社会で活躍できる人材育成を大学に期待して始まった訳であるが、社会で求められている力とは何

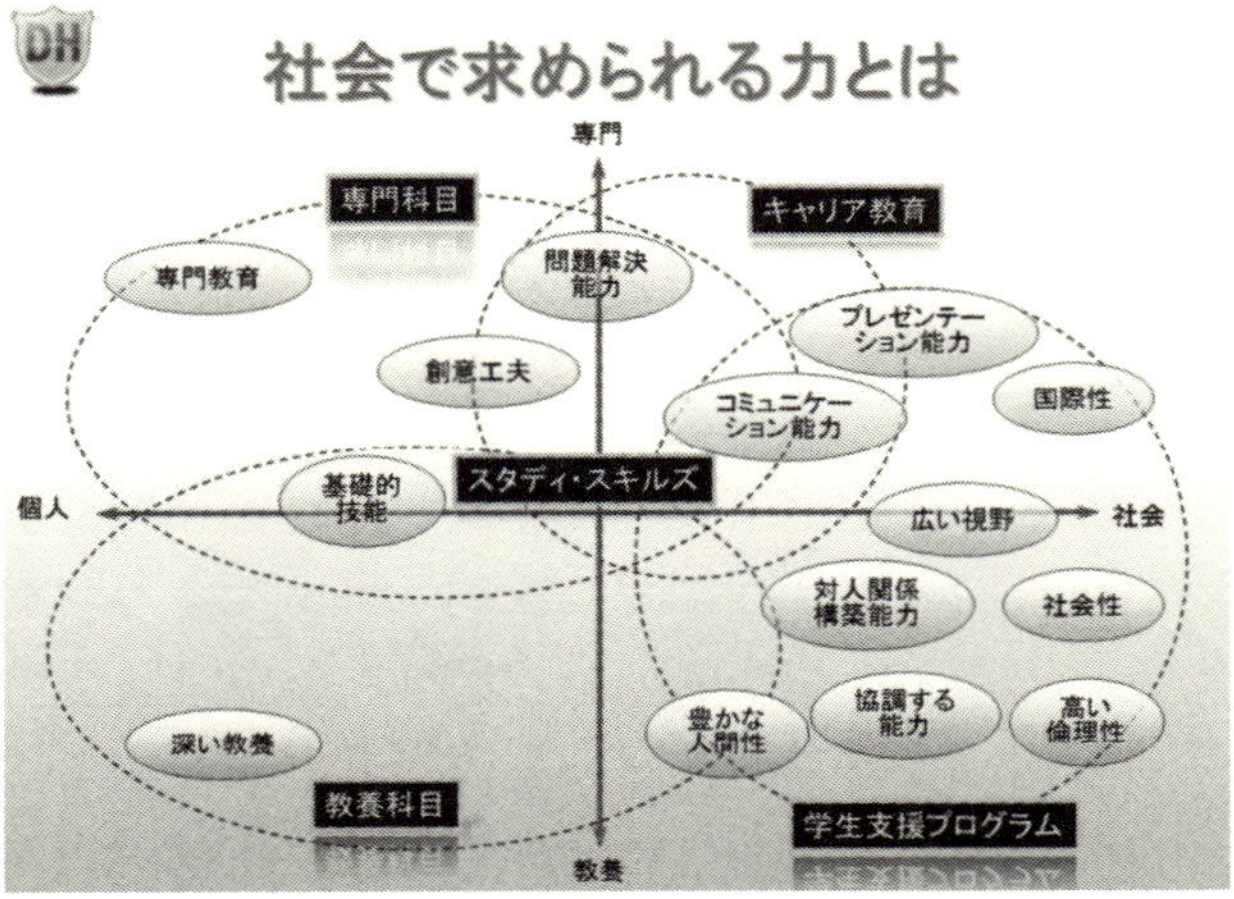

図1

か考えてみたい。横軸を個人と社会、縦軸を教養と専門とするマトリックスで説明する（図1）。深い教養に加え専門的知識・技能の獲得のためには、専門教育に加え、専門以外の知識を幅広く身につけるための教養教育が必要であるが、社会ではコミュニケーション能力、対人関係構築能力、協調する能力、プレゼンテーション能力、ひいては問題解決能力が求められている。本学では、全学的に専門教育の自学・自習を支援する読み・書き・そろばんに相当する基礎的技能教育である大学学習法（スタディ・スキルズ）を実施しており、さらに、学生個々がキャリア意識を形成し、主体的に充実した学生生活を送り、納得した進路決定を行うためのキャリア形成支援を行っている。そして、今回我々は、従来の教育ではカバーできない領域を学生支援プログラムでサポートすることを考えた。

　社会で活躍するために必要な力を身につけるために、学生はどのような経験をする必要があるか考えてみたい。言葉を換えると、仕事ができる人とできない人の違いは何か？ということである。仕事ができる人は創造性を持った人と言えるのではないか。与えられた決まった仕事をするのではなく、自ら企画・実行し、プロダクトを作ることで、創造性を育むことが社会で求められている力であると考えた。第二のグループでは、企画・実行・プロダクトのスパイラルを繰り返すことで、社会で求められているコミュニケーション能力、対人関係構築能力、協調する能力、プレゼンテーション能力、ひいては問題解決能力を身につけることができるのである（図2）。

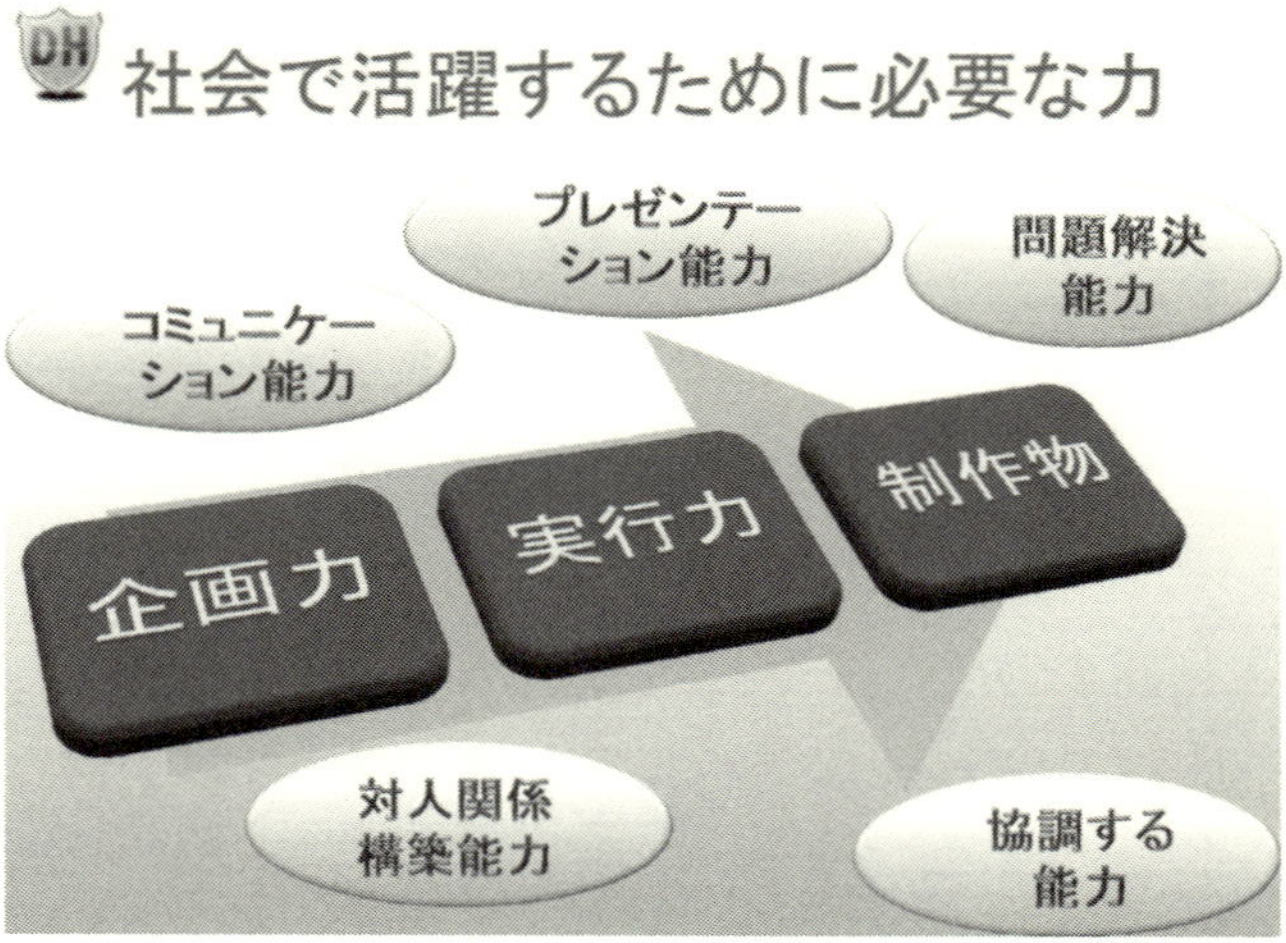
社会で活躍するために必要な力
プレゼンテーション能力
問題解決能力
コミュニケーション能力
制作物
実行力
企画力
対人関係構築能力
協調する能力

図 2

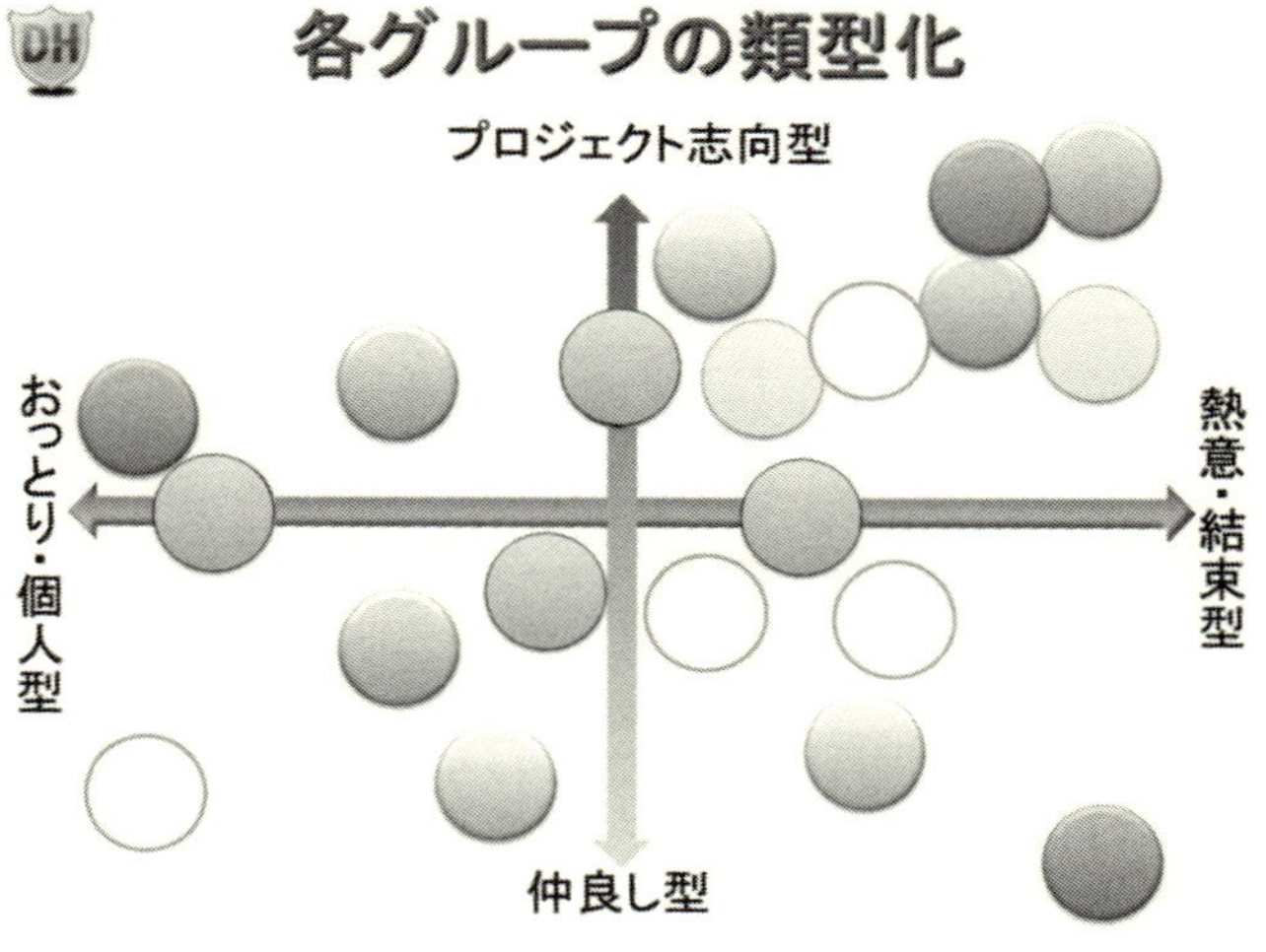
各グループの類型化
プロジェクト志向型
おっとり・個人型
熱意・結束型
仲良し型

図 3

平成二〇（二〇〇八）年度は二〇のグループが教育・研究プロジェクトに関わりながら活動を行ったが、図3は、縦軸をプロジェクト指向型と仲良し型、横軸をおっとり・個人型と熱意・結束型とするマトリックス上に二〇のグループをマッピングしたものである。各グループの類型は、学生の気質、関わるプロジェクトにより決まるが、地域と関わるプロジェクトは右上に位置する傾向があり、対外的には学生支援プログラムの成功をアピールできる活動になっている。一方、左下に向かうグループは活動継続が難しくなる傾向がある。しかし、学生支援プログラムには様々なグループの活動があり、それぞれが学生の人間的成長を促す自主性を育む活動に発展するのなら、我々の論理で型にはめるのではなく、新しい学びのかたちの様々な可能性を模索していくべきだと考えている。

意見交換会では、活動の一例としてXグループが企画した学生支援プログラムのビデオを紹介した。編集にはプロの手が入っているが、企画（シナリオを含む）、出演、ナレーション、すべて学生の手によるものである。学生の自主的な活動の一端が理解できる。そして、最後に学生支援プログラムの成果として、学生たちが自らの成長を語った自主制作ビデオを紹介して、発表を終えた。

つぶやき…

清野君たちが事前に一日かけてビデオ収録と編集をおこなっていました。わずか五分程度の内容にもかかわらず真剣にやっていました。当日、全国の大学から関係者が多くいらっしゃり、興味を持って下さった教職員の方がおられました。私は大島先生の横で座っていただけですが、意見交換の場に出るのはよい機会となりました。

これは、初めての動画編集でした。今思えば、チープな出来ですね。ですが、アイデアを出し合って、試行錯誤するというのは面白いものでした。

5　プロジェクト担当教員として

平成二〇（二〇〇八）年四月に初めての学生支援GP成果発表会が行われたとき、会場となった講義棟前に設置された成果発表を知らせる立て看板が私の目を引いた。立て看板には、「可能性のふたをあける。」という気の利いたキャッチコピーとマンホールの蓋が開いたところから目が覗くセンスの良いイラストが描かれていた。そこに添えられたコメントがまたいい。

「自分の感覚で社会とつながりたい。そのためには、実力が必要だと思った。だから、大学という進路を選んだ。でも今、やりたいことはどこにある？できることは何がある？実際に何をした？進級するために勉強するのではなく、スケジュールを埋めるために友達と一緒にいるのでもない。自分の想いから自分の道を選び、自分を偽らずに人と関わり、自分の表現で社会にエントリーしたい。それを、学生支援プログラムで実現する。」―これが私と広報を担当するXグループとの出会いであり、後の彼らのプロダクトを見て衝撃を受け、学生支援GPの成果を予感させた。

Xグループは広報を担当するグループであり、他のグループとは性格が異なるために、学生支援部門長の私がプロジェクト担当教員になった。その後、Xグループは各グループ間の架け橋となる広報誌を発行することとなる。当初は学生たちの手作りの広報誌であったが、学生のアイデアに満ちウィットに富んでおり、学生の主体性だと実感すると共に、学生の能力の高さに感心もした。

その後のXグループの活動は順調に進んだ。平成二〇（二〇〇八）年七月には、テレビ局で県内の大学・短大の紹介ビデオが放映され、その中で本学の紹介は、他の大学・短大と比較して異質の出来映えであった。それは、紹介の大部分を占めたのが学生支援プログラムであり、それを企画したのはXグループの学生だったからである。「私たちは狭い世界で生活している。しかし、大学の外へ出ると、そこにはずっと大きな世界があった。」で始まるビデオは四分足らずであったが、学生支援プログラムの一つの成果が見えてきた。『自分の知識と自分の想いで社会にエントリーするのが大学生である。そして、「夢」のもう一歩先へ、つくりあげている「未来」がある。』と彼ら自身の声で語りかけており、学生ならではの発想と企画力には感心させられた。さらに、Xグループは平成二一（二〇〇九）年三月には「教職員向け広報誌」を発行し、その後、広報誌を『B454』[4]という形で進化させた。

結果として、私たち学生支援部門は、大学構成員における学生支援GPの目的と価値観の共有化のために、学生の力を借りる事となった。広報の重要性を認識していたからだ。しかし、私たちの都合でXグループを部門の広報活動に利用したことは、学生の主体性にマイナスに働いてしまった様だ。その後、平成二一（二〇〇九）年四月末に部門長を退任し、Xグループのプロジェクト担当教員専任になったとき、崩壊しそうなXグループの実態を知ることになる。ミーティングに集まらない、呼びかけに返事をしない、決められた仕事を期日までに仕上げることが出来ない、と以前私たちの予想を超えるような能力を発揮していた学生たちの面影はなくなっていた。私は、学生たちに私の研究室でミーティングをすることを提案し、打開を図った。このときのXグループは二年生と三年生との混成チームになっており、専門の勉強も忙しくなってきており、向いている方向も様々であった。さらに私は、Xグループと秋田県立大学との交流という浜島特任准教授の提案に賛同し、Xグループの活性化を図ることとなる。結局のところ、参加している学生たちが目的と価値観を共有出来なければ、Xグループは再生しないという現実に気がつくことになる。

つぶやき…

最初のXグループの担当教員は、部門の専任教員の私でした。担当職員は学生支援課の担当係の人でした。教職員構成からわかるように、Xグループは学生支援部門のお抱えだったのです。もっと自由にさせてあげたかった反面、私も何もできなくて、ミーティングにもろくに参加せず、申し訳ないことをしました。

「お抱え」感はありましたけれど、それは特に問題ではありませんでした。問題は、自分たちの活動がどう評価されているのかが分からなかったことです。何をしても反応はありませんでしたから。

6　部門長の仕事、部門長から見た学生支援部門

本学の学生支援プログラムは、学生の人間的成長への寄与に対して、大学内外から大きな期待が寄せられた。一方で、今後の課題として、学生支援の目的や意義の共有化に問題があった。これまで、多くの教職員が学生支援GPに参加した。しかしながら、学生支援部門のマネジメント不足のために、何名かの担当教職員には本プログラムの趣旨や関わり方が十分理解できなかったことを深く反省している。本学生支援GPは新しい取組であり、現行では数少ないスタッフで企画・運営しているため、プログラムを動かしながら問題点を把握し、その都度解決にあたっている状況であった。本プログラムに関わる問題点は真摯に受け止めて、解決に向けて努力していくことが必要であろう。

平成二〇（二〇〇八）年度末から二一（二〇〇九）年度始めにかけて、部門長の果たすべき役割として、学生支援GPに新規に参加する教員やこれまで参加している教員と電話または面談することになった。新規教員との話では、本プロ

グラムの主旨や目的が十分に理解されていない一面もあり、改めて企画・運営側と各学部との間で本プログラムの目的や意義の共有化が図られていない事が浮き彫りになった。このことより、引き続き、各学部の理解と協力を得る努力を続けることが極めて重要であることがわかった。その一方で、学生支援プログラムに主体的に参加して頂いている教員からは、本プログラムの主旨や目的が十分に理解されており、着実に学生支援プログラムの輪が広がっていることも実感できた。プロジェクトと関わりながら人間的に成長していく学生たちの姿を見ていただくことが、本プログラムの理解の第一歩であり、学生支援が専門分野に関わる取組ということを越えて、教員の教育理念にかなっていることが理解されたものといえるのではないか。その中にあっても、主体的に関わっている教員たちから、「私は学生支援プログラムの意義を理解しているし、自分で楽しく参加しているので不平不満はないが、教育・研究で忙しい中、休日に学生支援活動をして帰宅が遅くなるという事実も、大学運営にある立場の方々にも知って欲しい」という率直なご意見も頂いた。ボランタリーな教員に頼っている現状の学生支援プログラムの限界を感じることになった。

平成二〇（二〇〇八）年度の区切りを期限として、参加学生にグループ活動の継続と辞退を選択させたが、三割を超える学生が辞退もしくは音信不通のまま、結果として辞退とみなさなくてはならなくなったのは、非常に残念であり、大きな課題を突き付けられることとなった。学生支援の理念は、長い目で学生の成長を見守ることをすべきであり、少なくとも何かを期待して学生支援ＧＰに参加した学生の思いに応える努力が求められたのである。多くの学生のニーズに応えることが出来なかったのは反省点である。

加えて、本プログラムの発展のためには人的資源の充実が求められる。平成二〇（二〇〇八）年度大学教育改革プログラム合同フォーラム（二〇〇九年一月開催）のシンポジウムの場でも話題に出た、教員と事務職員の間に位置するようなプログラムマネージャー（運営者）の存在が必要であろう。学生支援部門のスタッフが目前の案件ばかりに忙殺されていては、長期的視点に立った本学生支援プログラムの本質を見失うことになる。学生の目線にたった学生の成長のサポートと平行して、「新しい学びのかたち」を客観的に評価してプログラム開発し、プログラムをアカデミックな活動として分析し、大学内外に向けて発信していくことが重要となると考えている。

つぶやき…

大島先生には多くの時間を割いていただきました。一人一人の教員にお電話もしくは対面して、お話してもらいました。中には不快感を示される先生も多かったと聞きますが、そこから逃げることなく、学生支援部門に報告していただきました。結局、ヒアリング程度のことしかできなかったと思いますが、何年も続けていければ、きっと多くの先生方からの理解が得られたのかもしれません。長く続けていただきたいものでした。とはいえ、私だったら、とても面倒なので、一回やったら二度としないと思います。

「休日に学生支援活動をして帰宅が遅くなるという事実も、大学運営にある立場の方々にも知って欲しい」。こういうときに学生は無力ですね。差し出すものがありませんせんから。

1　神原信幸：米国高等教育における学習の生産性向上の取組みから学ぶ戦略的学生・学習支援［二〇〇七～二〇〇八年度若手研究（スタートアップ）研究課題番号一九八三〇〇二二］。

2　安藤輝次著『ポートフォリオで総合的な学習を創る―学習ファイルからポートフォリオへ』（二〇〇一年　図書文化社）

3　日本学生支援機構ホームページを参照：http://www.jasso.go.jp/gakuseisien_gp/ikenkokan20_kantokoshinetsu.html

4　学生支援ＧＰ活動の拠点となるのがＢ４５４教室だったために、『Ｂ４５４』が広報誌の名称に使われた。

第3章　学生支援GPの実践を通して見えてきた問題点

1　学生支援の課題と展望

一年七ヶ月間の学生支援部門長を経験して明らかになった学生支援の課題と展望について触れておこう。ここで述べる内容は、学生支援GP評価委員会で提言のあった項目をベースにまとめたものであり、以下の四つの項目に分けられる。

一つ目は、学生支援に対する認識の共有化の問題である。大学教員の中で教育・研究・社会貢献が自らのミッションである事を疑うものはいない。しかし、学生支援については、必要に応じて学務委員などの特定の教員が対応すれば良い、と思っている教員は多い。中には、正課外または正課の延長として学生の人間的成長に関わっている教員がいるのも事実だが、全学をあげての組織的な学生支援を企画・運営するためには、広報活動に力を入れ、学生・教職員に対し、学生支援プログラムのミッション（職務）、バリュー（価値観・意義）、ビジョン（到達点）を周知し、学生支援が教員の重要なミッションであることをアピールすることが必要である。

二つ目は、学生支援の位置づけの明確化の問題である。学生支援がボランタリーなのか大学の戦略なのかを明確にする必要性を感じている。それにはまず、大学の管理・運営に携わる人たちで学生支援の理念の共有化が必要であろう。学生支援プログラムのあるものは制度化、すなわち単位化を検討することも可能であるが、単位化は両刃の剣の側面をもつ。学生は安易な方向へ流されやすく、そのような学生の中には、卒業要件を満たす単位取得のために容易な授業科目を取ることに奔走し、主体的な学習態度とかけ離れた行動をとる者がいる。一方、教員の立場に立つと、単位化は学生支援を正課として捉えることが可能になり、学生支援をミッションとして位置づけるのに好都合な側面もある。しかしながら、学生支援における教員の関わりは不透明な部分も多く、安易な単位化は控えるべきで、単位化をするならば、少なくとも明確な到達目標と学生の評価基準が必要となるであろう。

また、学生支援プログラムはキャリアパスにもなり得ると考えている。そのためには、大学は、学生支援プログラムを履修した学生を認定し、学生の受け皿となる企業等に対し、学生の質を担保する説得力のある成果を提供する必要がある。一方、学生支援を教員評価に組み入れることも学生支援の位置づけには有効であろう。その際、学生支援の評価に重みを付与することで、その位置づけがより明確になる。学生支援を教員評価に組み入れるのなら、教員の学生支援活動の実態を精査することも必要になる。教員採用の要件に学生支援活動を含め、新任教員が学生支援に積極的に関わることの出来る環境を構築するのも一案であるかもしれない。

三つ目に、知の総合化と学生主体の活動の構築があげられる。学生支援は、従来考えられてきた以上に学生の人間的成長に重要であると思う。大学での活動である限り、アカデミックでなくてはならない。そのためには教員の積極的な関わりが必要であると考えている。そして、知の総合化と学生主体の活動の構築には、上記のような学生支援の位置づけの明確化に加えて、学生支援プログラムの内容の充実も欠かせない課題であろう。

四つ目は、学生の所属学部における学生支援と全学をあげての組織的な学生支援との関係である。学生の人間的成長には専門分野における学生支援と学部・専門領域を超えた学生支援双方が協調した学生のサポートが重要であると考えている。本学の学生支援プログラムでは、学生自らが共通の目的を考え、そして教員が積極的に関わる事が出来れば、部活、サークル活動との違いも明確になるであろう。

つぶやき…

結局、この学生支援GPは、ゼミとどう違うのか？部・サークル活動とどこが違うのか？うまく説明できないままおわりました。学生もこの取組の良さ、独自性をうまく伝えるのに苦労していました。正課と正課外の壁の高さ（目的というよりも形式）を思い知らされました。教員、職員、学内、学外の垣根を越えて、よい実践をしたいという理念が、どこの垣根も越えられなかったという印象をもっています。

個人的には、部活やサークル活動と区別する必要を感じません。大学が予算を出すから、形式上、区別したいだけではありませんか？

2　部門長を辞めたとき、辞めてから

平成二一年（二〇〇九）四月に学生支援部門長を退任した。「学生支援の理念」を実現するために、強い「熱意」と誰にも負けない「思い」で、学生支援に真正面からあたった一年七ヶ月間であった。部門長を辞めるきっかけは、学部での専門の仕事が立ちゆかなくなったのが大きな理由である。部門長の仕事はボランタリーであり、自分の教育・研究業務に支障をきたす様では続けることは出来なかった。部門長退任に伴う引き継ぎのためにまとめた部門長の仕事の内容を見てみると、その役割が多岐に渡り、物理的にも精神的にも負担が大きく、普通の感覚では、部門長の仕事はとてもボランタリーで務まるものではないことが分かる（P46「ふろく」参照）。

教育は、主専攻カリキュラムに基づいて実施され、シラバスにおいては、学生に到達目標、学習方略、講義・実習日程を明示しているので、スケジュールに支配される。管理・運営に関わる学部、全学の会議、研究活動の一環とし

ての学会活動も予め日程が決まっており、スケジュールに支配されている。我々教員はスケジュールに支配されて生活していると言える。研究はというと、その空いている時間を使って行う訳であるが、職位が上がるのに従い、教育負担も管理・運営に関わる業務も増えていくことになり、当然研究の時間が少なくなる。医学部・歯学部の臨床系の教員はここに臨床業務も加わるから、教育、研究、管理・運営、臨床、そして社会貢献をバランスよく行うことは至難の業である。従って、多くの教員は、どれかを犠牲にしているというのが実態である。ここで、重要になるのが優先順位であろう。大学教員として、自分に与えられた使命は何なのか？最大限に自分のパフォーマンスを発揮できるのかは何なのか？を考え、自分の仕事の適確な優先順位を決められる人が社会で活躍している人であり、社会から必要とされている人である。教員の教育、研究、管理・運営、そして社会貢献の優先順位の決め方が大学人としてのキャラクターを決定すると言える。

部門長を辞める時、これで自由な時間を存分に手に入れられると思ったが、実際は辞めた後も日常の忙しさが変わらないという事実に気がついた。部門長はボランタリーではあるが、私は、部門長の仕事を大学構成員のミッションとして優先順位の高い仕事として位置づけていただけなのである。優先順位の低い仕事として部門長の仕事を位置づけていれば、部門長を辞めずに自分の専門の仕事との両立も可能だったかもしれない。しかし、私にはそれは出来なかった。部門長を辞めざるを得なくなった時、学部の専門分野のスタッフの補充がままならない状況にあった。本当の意味で、学生支援が大学にとって必要な取組であるのなら、ボランタリーの枠を超えた大学のサポートがあっても良いと考える。しかし、年々削減される大学の運営費交付金や人員削減の状況下で、GPの予算を越えてのサポートは難しく、学生支援活動を大学の基幹となる取組にするのは、まだ早かった様だ。我々が目指す学生支援の取組は、時代を先取りし過ぎた活動だったのかもしれない。

その一方で、私自身、部門長はボランタリーの活動でも良いと思っていた。学生支援GPを通して、学生たちが人間的に成長していく過程を見守り、それを大学の取組として全国に発信し、「新しい学びのかたち」を提示することは、部門長の業務で失う時間を埋め合わせてくれるに足ることである。しかし、現実は私が目指す学生の主体性を育む学生支援と大学が期待する学生支援との間に齟齬があったのも事実で、私自身のモチベーションが維持出来なくなったのが、部門長を辞める最大の原因であった。

つぶやき…

本来でしたら、私が先に学生支援部門（＝大学）を去っているはずでした。実は何回も大島先生には慰留されました。困難をいくつか乗り越え、やっといい方向に進めるかと思った矢先に、突然、部門長を辞するとのお話を受け、「話が違う」と思いました。私のやりきれない思いとは関係なく、大島先生はすんなりと辞め、次の部門長の人選が行われました。組織とはこのようなものです。私に残されたものは、喪失感と、「ふろく」の表にある部門長の役割の多くの実務でした。結局、仕事が多すぎて、大島先生のされた実務の全部はできませんでしたが。

大島先生がいた頃だけが、理念に向かって進んでいました。それを体験できたのは、僕たちの代と、その次の代の一部くらいです。

3　秋田県立大学との交流

Ｘグループ再生の起爆剤として企画した秋田県立大学訪問は平成二一（二〇〇九）年一二月に行われた。Ｘグループは、本学の学生支援ＧＰの目的と意義の共有化のために、著者の一人清野雄多君を始めとする学生たちで立ち上げた広報を担当するグループである。清野君はイラストがうまく、企画センスもあり、まさに彼の持てる「能力」を最大限に活かした活動であった。しかし、広報を担当するという性質上、Ｘグループは他のグループの活動を取材することを基本とし、グループとしての目標は広報誌を作製することに特化していたため、徐々に参加学生たちの目的意識に温度差が出始めていた。さらに、メンバーの約半数が他のグループにも所属していること、そして、参加学生の学年が上がるのに従ってメンバーそれぞれが新たな目標を見つけ始めたこともマイナスに働いたようだ。グループの立ち上げ後まもなくして、大学の広報誌に書いた清野君の文章が印象的である。「学生支援プログラムは、一歩目を踏み出すには、絶好の場所だ。学びたいように学ぶことができるし、立ち止まりたいなら立ち止まっても良い。体験したこと、実感したことを身につけ、学んでいける場所なのだ。自ら学ぶ、という自然な姿勢が学生支援プログラムにはあると思える。」―Ｘグループは一歩目を踏み出すには絶好の場所だったが、活動を継続するためには「何か」が足りなかった様である。これはＸグループに限ったことでなく、グループ内のモチベーションを持続することは、継続した学生支援プログラムの遂行には必須の要件であると思えた。

浜島特任准教授は学生支援ＧＰに採択された全国のプログラムを調査し、本学の学生支援の取組にとって参考となるプログラムを選別しＦＤ等に役立てていたが、Ｘグループが新たな目標を持つ必要性を感じ、本学と秋田県立大学との交流を提案し、私も賛同した。幸い、秋田県立大学も我々の提案をポジティブに受け止め、具体的な企画案の提示を頂いた。本学の代表として本学の学生支援ＧＰの取組を他大学に紹介すると共に、他大学と「学生たちの人間的成長」について議論することで、Xグループの新たな目標が見つかるのではと大きな期待を寄せたのである。秋田県立大学の取組は、自然との交流（遊び）と農業の教育力を活かした学生支援であり、その中心が丸太小屋、公園、ハーブ園、畑などを整備する村づくりだ。学部を超えた取組である本学とは異なり、学生たちの専門分野である農学をベースに「遊び」から「学生の人間的成長」を育もうという同大学の取組において、教職員及び学生たちが学生支援の目的と意義を共有しており、学生たちがいきいきと活動していることに感銘を受けると同時に、本学の学部を超えた取組の難しさが浮き彫りになった。

秋田県立大学との交流は、双方の大学の学生たちにとって刺激的な機会となったのは間違いなかった。Xグループの学生たちは、準備段階ではなかなか具体案の提示が進まず、やきもきしたが、交流当日には本学の取組の魅力を十分アピールできたし、ワークショップ形式で議論した意見交換会では、全体を上手にオーガナイズできたようだ。両大学の方略には違いがあったが、学生たちは、共通の目的の実現のために、自ら主体的な活動に参加し、悩みながらも、協力することで困難を克服し、お互いの絆を深めて行くことは、人間的成長に必要な過程であると共通認識を持てた様だ。今回の訪問では、私と浜島特任准教授も参加し、秋田県立大学の先生方との交流も実現した。秋田県立大学の取組は、専門である農学と学生支援の取組がうまくかみ合っており、運営に携わる教職員が学生支援の理念を共有していることに感銘を受けたが、現場での問題点について意見交換できた事は、本学の学生支援活動にとって非常に有意義なものとなった。この交流会はXグループを活性化したことは事実であったが、あくまでも一過性に過ぎず、継続した活発なグループの活動を促す新たな目標を見つけるきっかけにはならなかった。

つぶやき…

秋田県立大学は、活動報告書など、全国の学生支援GP採択校へ精力的に配布していました。とても自由な取組で、学生と教職員が一緒になって、遊びを楽しみ、そこから成長を見出そうとしているも

のでした。こちらからの申し出に対しても、前向きに受け止めてくださいまして、訪問当日も有意義な意見交換をさせていただきました。その当日の夜中に、学生間で重要な話し合いをしているとは思いませんでした。

これは楽しかったですよね。ご飯も美味しかったし。個人的には、ここでの活動がＸグループの最後の活動だと感じています。

4　三年前を振り返って

平成二四（二〇一二）年二月。学生の講義期間が終わり、一年で最も余裕のある時期である。それでも時間に追われる毎日だ。学会の機関誌の編集業務、大学院生の指導、研究会発表の準備、動物実験、共同研究打合せ、学生の定期試験問題作成、入試業務、次年度の研究費の実施計画書の提出、次年度のシラバスの作成、海外出張と時間は瞬く間に過ぎていく。

そう、三年前は学生支援部門長として学生支援ＧＰの陣頭指揮を執っていた。今となっては夢の様なできごとであるが、突きつけられた現実がある。学生支援部門長を務めていたのが平成一九（二〇〇七）年一〇月～平成二一（二〇〇九）年四月である。研究というのは、数年後に論文という形になって結果が出るのが一般的であるが、二〇〇八～二〇一〇年の私の論文業績は惨憺たる結果であった。本来研究に費やす時間を学生支援ＧＰに費やしていたことで招いた結果とも取れる。それが、学生支援部門長を退任した後二〇一一～二〇一二年に飛躍的に論文業績が伸びることとなる。もちろん、その原因のすべてを学生支援ＧＰに帰することは出来ない。丁度その時期は、定常的に教室のスタッフが少ない時期と一致していたし、大学院生の数が急激に少なくなっていた時期でもあった。しかし、現在の研究に費やしている多くの時間が三年前の学生支援GPに関わる仕事に置き換わっていたとしたら、現在の研究アクティビティーを維持することは出来なかったのは明白である。

平成一九（二〇〇七）年一〇月に学生支援部門長を拝命し、実際に学生を集めて学生支援GPの計画調書に従って企画を実施に移すことが求められた。我々の計画は、特定の学部や学科を対象としたものではなく、九学部すべてを巻き込んだ全学的な学生支援である。従って、各学部の協力は必須になるので、学生支援担当副学長と二人で、各学部教授会で説明をし、学生支援への協力を求めた。ある学部では、かなり強硬に反対された。「今でも教育・研究で忙しいのに、学生支援などする時間がない」という主張だ。実は、「時間がない」というのは正しくない。正しくは、「学生支援は優先順位が低い」ということであろう。学生支援は誰かが行っているはずである。それは学務委員の仕事かもしれない。研究室のゼミの場かも知れない。学友会のクラブ活動の顧問としてかも知れない。授業を超えて、個別に学生に関わっている教員もいるかも知れない。要するに、大学全体での学生支援を考える前に、通常の教育・研究活動の延長線上に学生支援を実施している教員と全く学生支援とかけ離れた教員に色分けされるのだ。前者は明らかに数が少なく、強硬な反対意見を述べているのは明らかに後者である。説明会の場ではこの様に話したのを覚えている。「学生支援には多大な労力が必要になる。そのような仕事を特定の教員が受け持っているのが現状だ。多くの教員で学生支援を負担しあえば、特定の教員の負担過多が解消されるのではないか」と訴えた。しかし、結局は、「学生支援はやりたい人だけでやればいい」という意見で押し切られたと記憶している。要は、学生支援は誰かに強要されるのではなく、教員自らがしたいと思うボランタリー活動なのである。

私の費やした学生支援GPへの仕事は明らかに私の研究活動を蝕んでいったのかも知れない。しかし、である。ここには根本的な「学生支援はボランタリーに頼るしかない」という現状が大きな原因になっていることを心に留めて頂きたい。

つぶやき…

各学部からしたら、部門長の言い分は聞いても、特任の専任教員の意見など聞く耳を持っていただけませんでした。学部は学部で大変だと思いますが、新しいことに関わることにこれほどストレスを与えている大学業界全体に問題を感じます。

実は僕は「学生支援はやりたい人だけでやればいい」の意見に賛成です。かつ「学生の活動に、常に教職員が必要なわけではない」という意見です。教職員の手助けが必要だと思ったら、自分たちからそう言います。

ふろく　学生支援部門長の役割

区分	項目	内容	備考
全般	学生支援 GP の企画・運営	企画・運営に責任をもつ	
	学生支援 GP の広報活動	広報活動に責任をもつ。	
企画	大学改革推進等補助金（大学改革推進事業）調書作成	部門スタッフが作成した調書を推敲する。	
	FD/SD・研修の企画	部門スタッフと共に FD/SD・研修を企画する。	平成 19 年度は 2 回、平成 20 年度は 1 回企画した（他部門との共催もある）。
	公開シンポジウムの企画	部門スタッフと共に公開シンポジウムを企画する。	平成 20 年度に実施した。
	新規プロジェクトの企画	GP 推進委員の協力を仰ぎ、部門スタッフと共に新規プロジェクトを開拓し、プロジェクト担当教員と交渉・打合せを行う。	プロジェクト担当教員と交渉・打合せは部門長の仕事（年度末）
	広報誌・パンフレットの企画・印刷	部門スタッフと共に広報誌・パンフレットを企画・印刷する。	役割分担を決めるのは部門長の仕事（部門長名儀で、各部局に配送）
	評価委員会の企画	部門スタッフと共に評価委員会を企画する。	例年 3 月に開催
報告書	大学改革推進等補助金実績報告書の作成	部門スタッフが作成した報告書を推敲する。	毎年年度末～ 4 月に提出する。
	日本学生支援機構事例集作成	部門スタッフが作成した事例集を推敲する。	平成 19 年度に提出した。
	本学の機構年報の原稿作成	原稿を作成する。	部門長が作成した原稿に部門スタッフが資料等を追加する。
	学生支援 GP 報告書の作成	原稿を作成する。	部門長が作成した原稿に部門スタッフが資料等を追加する。

区分	項目	内容	備考
会議・打合せ	部局長が参加する上位委員会	会議への参加。報告を求められた場合（活動計画等）に会議で説明する。	平成 20 年度は 5 回開催
	各部門横断の委員会	学生支援部門の活動報告と検討事項の提示	平成 20 年度は 9 回開催（毎月開催）
	学生支援プログラム運営会議	議長は副機構長。部門長が議題設定に責任をもち、具体的な内容について説明を行う。	平成 20 年度は 6 回開催（隔月開催）
	各グループ連絡調整会議（担当教職員説明会）	議長は部門長。部門長が議題設定に責任をもち、具体的な内容について説明を行う。	平成 20 年度は 5 回開催（隔月開催）し、担当教職員説明会を 1 回開催した。
	部門会議	議長は部門長。部門長が議題設定に責任をもち、具体的な内容について説明を行う。	平成 20 年度は 1 回開催。重要案件がある場合に部門会議に諮る。
	部門ミーティング	部門スタッフと共に学生支援 GP に関わるあらゆる案件を検討する。	平成 20 年度は 19 回開催。
	部門昼食会ミーティング	部門スタッフに教育担当理事、学務部長、学生支援課長、学生支援課副課長も出席。	平成 20 年度は 2 回開催。学生支援プログラムの目的と意義の共有化を図るため、平成 20 年 2 月より開始。
	部門と学生との意見交換会	部門からは部門長・副部門長・専任教員が参加。各グループ連絡調整会議の案件をベースにグループ代表学生と意見交換を行う。	平成 20 年度は 5 回開催（隔月開催）。各グループ連絡調整会議後に開催している。
	業者とのポートフォリオ打合せ	部門長以下部門スタッフが参加。	平成 20 年度は 4 回開催。
	日本学生支援機構意見交換会打合せ	平成 21 年 2 月 19 日開催の GP 交換会の打合せ	平成 20 年度に 1 回開催。
調査	ポートフォリオ調査	部門スタッフと協力して調査活動を行う。	平成 19 年度にはアリゾナ州立大学の調査。
	他大学の学生支援 GP 調査	部門スタッフと協力して調査活動を行う。	平成 19 年度には、同志社大学シンポジウムに参加、アリゾナ州立大学の調査
	大学教育改革プログラム合同フォーラムへの参加	部門スタッフが参加する。	平成 20 年度に参加。

区分	項目	内容	備考
運営	グループ担当教職員・学生のグループ編制	部門スタッフと相談してグループ編制を行う	グループ担当教員と事務職員との相性を視野に入れる。
	グループ担当教員との面談	グループ担当教員と直接もしくは電話で話をし、学生支援プロジェクトの目的と意義の共有化と問題点の抽出を図る。	平成 20 年度後半から実施。毎年、年度末から新年度にかけておこなう。
	プロジェクト担当教員との面談	プロジェクト担当教員と直接もしくは電話で話をし、学生支援プログラムの円滑な運営を図る。	平成 19 年度から実施。毎年、年度末から新年度にかけておこなう。
活動	学生支援プログラム参加学生説明会	部門長が中心となり、新規参加学生説明会を実施する。	毎年 1 回実施。
	学生支援プログラム成果報告会	部門長が中心となり、学生支援プログラム成果報告会を実施する。	平成 20 年度は 2 度開催。
	グループ活動関連のイベントへの参加	可能な限り参加する。	
	FD/SD・研修の実施	部門長が中心となり、FD/SD・研修を実施する。当日の挨拶など。部門の活動を紹介する場合は、部門長がプレゼンファイルの作成・発表を行う。	平成 19 年度は 2 回、平成 20 年度は 1 回実施した。
	公開シンポジウムの実施	部門長が中心となり、シンポジウムを実施する。部門の活動を紹介する場合は、部門長がプレゼンファイルの作成・発表を行う。パネルディスカッションのオーガナイザーとしてパネリストと打合せを行う。	平成 20 年度に実施した。
	日本学生支援機構主催学生支援 GP 意見交換会での発表	部門長がプレゼンファイルの作成・発表を行う。	平成 20 年度に 1 回開催。

区分	項目	内容	備考
	評価委員会の実施	部門長が中心となり、評価委員会を実施する。部門長が部門の活動に関するプレゼンファイルの作成・発表を行う。	例年3月に実施。
広報	新入生ガイダンス	部門スタッフ共に各学部ガイダンスで学生支援プログラムを紹介する。	平成21年度から開始。各学部で使える時間は15分程度(アニメーションスライドの用意)。
	部門での学生支援プログラムの説明会	部門スタッフと協力して部門での学生支援プログラムの説明会を実施する。	平成21年度から開始
	各学部教員への説明会の実施	部門長が各学部教授会等で学生支援プログラムの目的・意義を説明する。	
	広報誌・パンフレットの作成	部門スタッフと協力して発行。教員向け「広報誌」については部門長がテキストの修正作業を行った。	Xグループと協力して、パンフレット、教員向け『広報誌』、『B454』を発行。
	歯学部広報誌の編集・発行	学生支援プログラムの紹介記事を企画した。	
	各種メディア（新聞・雑誌・学内外広報)への対応	メディアからの問い合わせがあったときに部門長としての対応を求む。	平成20年度には、スウェーデンにいる日本人研究者から取材があった。
その他	Q&A集の作成	部門スタッフと協力して学生支援プログラムQ&Aを作成する。	平成19年度と20年度に「学生Q&A集」、「担当教員Q&A集」を作成した。
	新入生の意識調査	部門スタッフと共に内容を検討する。	平成20～21年度に実施。
	部門メーリングリストへの確認・返答	部門スタッフからの問い合わせに対し、内容確認と指示を出す。関係各位への依頼理事への依頼は、部門長直々におこなう。	公式な行事の依頼については、原則部門長名で出す。

第2部　管理運営・現場監督者から見た学生支援（浜島幸司）

プロフィール

現職は、立教大学 大学教育開発・支援センター学術調査員（任期付）［平成二五（二〇一三）年四月一日より］。同年、三月三一日まで、新潟大学教育・学生支援機構特任准教授（任期付）。一部授業を担当するほか、学生支援GP終了後の学生支援プログラム主担当を命ぜられた生活を送っていた。

昭和四八（一九七三）年長野県生まれ、小・中・高時代を出身地長野県小諸市周辺で過ごす。私立佐久（現：佐久長聖）高校卒業。平成四（一九九二）年に上京、法政大学社会学部に入学し、平成八（一九九六）年に卒業。社会学の考え方、「権力」、「平等」、「社会階層」に関心を持ち、同年四月、上智大学大学院文学研究科社会学専攻修士課程に進学、平成一〇（一九九八）年に修了（社会学修士）。その年、博士課程に進学し、平成二〇（二〇〇八）年三月まで在学と休学といくつかの大学、専門学校の非常勤および労働政策研究・研修機構等のアシスタントフェローを経て、単位取得満期退学。基本的に研究と講師生活のかなり自由なその日暮らしをしていた。

縁あって平成一九（二〇〇七）年一一月より、新潟大学全学教育機構学生支援部門特任准教授（専任教員）として採用。文部科学省事業である学生支援GPプログラムの管理、運営者としてかかわる。平成二三（二〇一一）年三月、学生支援GP終了とともに任期満了ということで退職。その年の四月から同大学教育・学生支援機構特任准教授として、雇用されたが、任期一年を前に現職への異動のため退職。

専門は、社会学、教育社会学、生徒・学生文化、青年論など。子育てから仕事と生活の両立(ワークライフバランス)まで、多くの社会調査にかかわった実績がある。研究業績としては、大学生調査報告(武内清編『キャンパスライフの今』二〇〇三年、玉川大学出版部)、若者文化研究報告(浅野智彦編『検証・若者の変貌』二〇〇六年、勁草書房)などにいくつか執筆している。

平成一九(二〇〇七)年一一月から大学組織の一員として、デスクワーク業務を中心にした毎日を送っているため、これといった研究業績は残していない。事務仕事を三〇代中盤から一から学ぶのには無理があることと同時に、表には出てこない事務業務の偉大さと仕事量の多さを痛感したことが、ここで得た成果である。今は、五年四か月ぶりに戻った研究中心の生活に再適応する日々を過ごしている。

第2部は全4章構成となっている。私が経験した学生支援GP運営の実態とそこで得た成果と困難(課題)を振り返った文章になっている。学生支援GPの実践現場を当事者から見た記録と感想になっている。学生支援GP終了後、新潟大学に在職しているときに、各章の執筆を開始した。当時の様子をもとに書いているため、現在の私の立場と一致しない箇所が生じてしまっている。多くの箇所は、現時点からの視点で加筆修正したものの、一部、学生支援GP終了直後の立場で書いたものも残っている。読者の皆さんに混乱を生じさせてしまうが、当時の心境をそのまま掲載したほうが、管理・運営者としてのリアリティをお伝えできると思い、修正しないことにした。その点、ご留意いただきたい。各章の概要は以下のとおりである。

第4章「私が学生支援GP管理運営者になるまで」では、私の着任までの経緯を振り返り、学生支援GP管理運営者の戸惑いを語る。念願の大学教員採用、そして天国と地獄。

第5章「学生支援GP管理運営者の混乱」では、何を先にしなければいけなかったのか、やりたいことができなかった実情を語る。私は事務作業をするためにここに来たつもりではなかったが、求められた仕事は迅速かつ適切な事務作業だけだった。

第6章「学生支援GP実践の成果」では、取組の中から得られたこと、実践の成果を(可能な限り)前向きに語る。手探りの中での喜びと、できるのならば、なんとかしたいことが含まれている。

第7章「学生支援ＧＰを経て残された課題」では、学生支援ＧＰ期間ではできなかったこと、この場所・体制での限界を語る。大学は本気で学生支援に取り組んでほしい。そのための情報提供は、職場が変わったとしても可能な限りしたいと思う。

第4章　私が学生支援GP管理運営者になるまで

1　学生支援GP期間は何だったのか？
2　めぐりあわせ
3　面接後
4　着任日の印象
5　大島学生支援部門長
6　招かれざる教員

1　学生支援GP期間は何だったのか？

平成二三（二〇一一）年三月三一日に新潟大学の学生支援GPは終了した。私は任期付きの専任教員だったということもあり、無事、任期終了ということで退職した。そして、四月一日より、学生支援GP終了後の学生支援プログラム主担当教員として、所属先が変わり、平成二五（二〇一三）年三月三一日まで過ごす。学生支援GP担当時と同じく、また任期がついた。そのときの私に対する役割分担、待遇など、いろいろあるが、それについてはここでは触れない（触れるともっと長くなるので）。

ともかく、学生支援GP後も本学独自の取組として、学生支援プログラムは継続することになった。継続は参加している学生にとっては良いことだ。学生が定期的に足を運んでいる受入れ先の地域の皆さんも、喜んでくださっている。大学としても継続の選択肢は、執行部からすれば、対外的にも良いだろう。担当の教職員はよくわからないが、一部の前向きな層を除けば、自分が担当になることを上司からの命令がなければ避けたいと願っているのではないかと思う。その他、大多数の教職員は学生支援GPのことなど、ほとんど理解していないのではないか。

（以下の文章は、主担当教員時代に書いたものである）私が退職して、もしも大学を去っていれば、従事した期間（平成一九［二〇〇七］年一一月～平成二三［二〇一一］年三月）を区切りとして冷静に振り返ることができる。全てが過去になり、新しい情報、人間関係に煩わされないで済む。業務に関する守秘義務は当然あるが、冷静さを意識しつつ、距離をとりながら、この取組が何であったのか、自問自答を繰り返し、今回のメンバー（大島先生、清野君）ともっと深い議論ができているはずだった。しかし、所属は変わったものの、未だに業務は継続している。現状を踏まえつつ、ぶれた振り返りとならざるを得ない。それが残念だ。

このように上記のように振り返り作業には諸問題がある。しかし、不備を承知で私は、以下の問いを真剣に考えてみたい。

ここでの学生支援ＧＰの取組とは何だったのか。私(私たち)は何を得たのか。私(私たち)は何を失ったのか。

私は、実施経験者である。現場監督のようなものだ。この立場から、あれこれと書き連ねてみたい。結論を先取りすれば、学生支援ＧＰの実施は相当「無理があった」取組であったということに尽きる。もちろん、成果もあった。喜ばしい出来事もあった。多くの学内外の皆さんからの協力も得られた。しかし、舞台裏にいるものからすれば、そこで得られる満足感は少ない。大学の「仕事」としていかに実現することが難しいかが、まず頭に浮かぶ。本取組の予算配分と執行、取り巻く組織内人間関係の複雑さと政治模様、そこに関わるストレス、私自身の性格と能力の不備、これまで私が経験しえなかった困難と立ち向かわざるを得なかった。適切に解決できるほどの力量はなかった。すべてがうまく機能したとは言えないし、言葉を飾って成果を強調する意識もない。ただただ私にとって、「意図せざる結果」の連続だった。

結果的には学生支援プログラムは継続した。この取組に対し、多様な見方があるし、もちろんそれでいい。私は、私なりに、私情も交えて、これより、振り返ってみたい。

つぶやき…

私が部門長を退任してから、学生支援ＧＰは当初の「学生の主体性を育む」というプログラムの理念が薄れて、「地域と関わる」ことが主目的になりました。当初は「予防的環境」、「居場所」が重要なキーワードでしたが、「居場所」も「地域」に置き換わりました。現在、地域の協力を得ることができ対外的に成功を収めている「地域と関わる」プログラムを優先することになったのは現実的な選択肢ですが、学生支援の理念・目的は何なのか整理しておく必要があると思います。

何を得て、何を失ったのか。当たり前ですが、ものごとの収支はつけなければいけません。不思議なことに誰もしていませんよね。

2　めぐりあわせ

私が新潟大学に来た経緯について、触れておく。学生支援GPをやることになった運命のめぐりあわせとは、以下のようなものだ。

当時、私は大学院博士課程在籍最終年度だった。修士課程二年、博士課程一〇年（三年在籍→五年休学→二年在籍）と、博士の学位が取れないまま、学生兼任助手と他大学・研究所の非常勤、内職などで食いつないできた。専攻は社会学、教育社会学、学生文化、若者論などをやってきて、細々と論文を書いたり、専門所属研究学会での報告をしたりしていた。学内での博士論文執筆資格は何とか合格し、いずれ論文をと思っていたもののなかなか進まず、もう少し長期的（すでに長期なのだが）に、大学院の籍を抜いても、東京で同様の暮らしをしようと決して明るくはないが、悲観的でもない、研究者予備軍の日常を送っていた。指導教員も私の性格を理解してか、煽ることなく、静かに見守ってくださっていた[1]。

平成一九（二〇〇七）年の九月下旬のことだ。その月でお世話になっていた研究所の非常勤期間が任期終了となり、次のアルバイト先を探そうかというときだった。過去に何度か研究会や研究会メンバーの合宿などで顔を合わせていた方（以下、紹介者とする）から電話があった。「人を探している。やる気はあるか？」というものだった。詳細はメールで送られてきた。正直、よくわからなかったが、任期付きであるが教員としての身分が保障されること、安定した給料（年俸制）がもらえるということ、この二点は、その日暮らしの万年院生からすれば、あり得ないほどの高待遇である。すぐに「やります」と紹介者に返事をし、一〇月一日に新潟大学に向かった。当時の機構長、副機構長、学生支援課長、副課長と顔合わせをした。これまでの私の経歴、研究の話（学生文化、若者論など）を説明した記憶がある。紹介者の話によると、この顔合わせは好感触であるとのことだった。そのときは未だに学生支援GPで何をやるかよくわかっていなかった。ただ、任期付き教員として次のキャリアアップも望め、座っていれば学生データも手に入り研究も引き続きできると、都合のいい話を鵜呑みにしていた。

私のやってきたこと（研究者として）が必要とされている。

そういうポストだと勘違いし、これまでの大学院生生活が無意味でなかったことに感じ入っていた。紹介者からは、学生支援GPの申請書を渡され、「よく読んでおくように」と言われた。初めて読む申請書は、きわめて難解なものだった。何を書いてあるのか全く理解できない。唯一、わかったのは、「本業務を従事するべく、新たに専任教員を配属する」との記載に該当しているのが私を指していることぐらいだ。

早速、一一月の上旬に正式な面接があった。その前までに書類を提出し、機構長他七～八名（とても偉い方々だと思う）の前で一時間ほどのものだった。私の経歴や抱負などを話し、質疑応答をした程度のものだったと思う。話をしているうちに、どうも研究者を受け入れるポストではないことがわかりはじめてきた。最近の若者論などを話し、「若者に対し、社会的に自由度がなくなってきていませんか？」などと自説を展開し、それなりの賛同を得たとは思う。しかし、面接の最後の機構長の言葉で全てが覆る。

「この仕事は、かなりきついと思う。しっかりと取り組んで欲しい。そのためにもあなたに三つの条件を約束として伝えておく。一つ目、授業は持たせない。二つ目、毎日、朝八時半には出勤すること。三つ目、スーツを着て出勤してくること。」

（3へつづく）

つぶやき…

私は既に部門長を拝命していましたが、専任教員の選考は副機構長（学生支援担当副学長）を中心に進められ、私は人選には一切関わりませんでした。

はじめは「研究者」として学生支援GPに参画すると思っていたんですね。

3　面接後

（つづき）

当時の機構長の言葉に、率直に私は違和を感じた。しかしながら、反論もせず、とにかく最後まで聞いた。その後、この言葉は心身ともに効いた。私がこれまで経験してきた自由、今後の自由は奪われたと思った。社会人とはそういうものかもしれない。しかし、ろくに就職もせず、ふらふらと三〇代を迎えている私からしたら、違和しかなかった。

あとでわかったことだが、一つ目の「授業を持たせない」は、授業を持つ余裕がないほどハードな仕事であるということだったようだ[2]。二つ目の「八時半出勤」は、連携する学生支援課の職員と相談する機会があるため、夕方だけ顔を出すとかいったことは、契約上は裁量労働とはいえ、業務に支障が出ることを避けたいがための発言ということだったようだ。三つ目の「スーツ着用」は、急な来客、学内外の要人ほか挨拶や説明に行ったりするということがあるため、普段着ではなく、きちんとした格好で臨んでおいてほしいということだったようだ。好意的に受けとめれば、私の研究志向を断つためにも、現実を早めに知らせてくれたのだと思う。ともかく、「守れ」というので、守ってみようと思った。補足するが、二つ目と三つ目の約束は、機構長が変わった後も守るようにしている（八時半出勤を守れなかったときもあるが、職員との約束を破ったことは一度もないと記憶している[3]）。一つ目はなぜかその後授業を担当することになったので、守れなかったのだ。

面接も終わり、一一月中旬からの採用となった。三四歳での初職である。東京生活では、指導教員、日頃からお世話になっている先生、研究仲間、先輩・後輩など多くの方々に喜んでもらえた。お祝いの会なども開いてもらったりした。大学院生の就職、とりわけ文系は厳しい。任期付きであっても、とにかく安定したいという状況である。仕事を選り好みすれば、他の希望者に持っていかれる。そういう市場なのだ。私がこれを断っていれば、誰かが行っていたのだろう。そして、私は非常勤を探し、それを食い扶持にし、諸大学への公募を出しながらの研究を続けていたはずだ（もしかしたら、芽が出ないことに気付いて辞めているかもしれない）。

このように採用が年度の途中でもあったので、週末の別大学での非常勤は継続し、講義の終わる一月まで月曜から木曜は新潟で、金曜〜日曜は東京でという二重生活をしばらく続けた。その頃は、体力的、精神的にも前向きだったので、何とかやりくりできた。今から考えると、よく持ったと思う。しかし、新潟での移住新生活は、戸惑いの連続だった。

自分のやりたい専門のみを研究し、講師と称しやってきて、事務能力、組織社会をろくに経験しない人間が、縦社会そして主として事務職を担当することが、いかに無謀だったのか。遅まきながら、その後、痛いほど、よくわかった。縦社会や事務職を否定するつもりは毛頭ない。むしろ素晴らしい仕事だ。今の社会において必要な仕事であり、重用される社会的スキルなのだ。実際に汗水流して人のため、組織のために働いている人は素晴らしいと思う。尊敬に値する。

ただ、私にはそのスキルが無く、向いていないということだけだ。そのギャップが大きかった。

結局のところ、私以外、誰も悪役は存在しない。このことを強調しておきたい。

学生支援GPを企画し、私を紹介した方および教員側は、私に事務作業をさせるつもりなど毛頭なかったようだ。そういうことであれば、そもそも呼ばれもしなかっただろうし、赴任後も何度も見えるところ、ときには見えないところで助けていただいた。私が研究者として、ここでステップアップできると本当に考えてくださったのは日ごろの言動、態度からよくわかっている。紹介してくださったことに対して、お礼の言葉しかない。

窓口の事務関係者も私に意図的に仕事を丸投げしているわけではない。申請書を読み、自分たちのやるべき仕事と、私がやるべきである仕事を分担しているだけなのだ。私がどのような経緯で来るのかは業務の範疇外であるため、事務処理能力の有無、組織経験の有無は関係がない。評価もしようがないし、基本的人権の尊重については、非常に高いコンプライアンスを体得している。学生支援GPをきちんとこなして、文部科学省の要求に応えられればそれでよいのだから。

各々が正しいと思う仕事をしているにもかかわらず、結果としてうまくいかない。それが私の目の前に存在していただけのことだ。おそらく、必要とする人材のミスマッチは申請段階からあったはずに違いない。その渦中に私が来ただけのことだ。そこをスマートにやり過ごせないタイプの私が来てしまったのだから、かえって話がややこしくなった。自分に合った環境かどうか、行ってみないとわからない。行ったら最後、後戻りもできない。戻りたいと訴えても、なぜか「バカなことを言うな」と逆に怒られたりもした。よくわからない。就職が決まったときに、東京にいる私の仲間が祝福してくれた。お祝い会も開いてくれた。とてもうれしかったからこそ、この現状はきつかった。

新潟の地は、佐渡に行けば、保護された朱鷺を見ることができる。最近は放鳥されているので、運が良ければ、ケージの中だけでなく、目の前で見ることもできる。冬になれば、シベリアから白鳥がやってくる。私も田園地帯に白鳥が飛来している姿を何度が目撃した。残念ながら、私がここにきて一番印象に残っている鳥は、朱鷺でも、白鳥でもない。鷺だったりする。そういう私も、教員の世界、事務職員の世界の間に入って、都合の良い主張を繰り返す、イソップ童話におけるコウモリ（都合よく、鳥と獣の間で生き抜くが、最後は仲間外れになる）になっていったのだった。夕暮れになるとカラスの大群が校舎に押し寄せてやってくる。この光景を見るたびに、私の人生はお先真っ暗だと滅入っていた。

つぶやき…

仕事は「やるかやらないか」、「できるかできないか」が問題で、「人材のミスマッチ」と自分の資質を型にはめるのは自分の可能性にふたをしている様なものです。実際、浜島先生の事務処理能力は極めて高いものでした。メールのやり取りを見ていた機構長からも「良い人材を採ったね」と浜島先生の事務遂行能力の高さを評価していたのを思い出します。

浜島先生が二重生活を送っていたことも、長い間院生をしていたことも知りませんでした。一見すると、無口ですが飄々としているので、こういった葛藤があったことには驚きました。

4　着任日の印象

赴任したその日、良い記憶が全くない。まず、学生支援GPの事務側の窓口である担当係長（以後、「係長」と私が書いているときは、この人物を指す）のところに行き、挨拶と当日の流れを教えてもらった。その後、事務部署へ挨拶回りをした。誰が誰なのか、覚えられるわけないが、自己紹介をした。事務のことを何も知らない人間が事務組織に挨拶に行って

も違和感しか残らない。偉い役職順に自己紹介をしていく様は、自分が間違ったところに来てしまったという意識を強く残しただけだった。

私の常駐する部屋は、現在、耐震補強のため工事中につき(その後、ここがB454と呼ばれる学生支援部門の部屋となる)、しばらく別の教員のいる大部屋で一緒にということだった。もちろん、そのような話は事前に一切聞いていない。向かった部屋は、中央にミーティングスペースがあり、奥に二名の私と同じ世代の教員(同じく任期付きの准教授4)のスペースがあった。自己紹介を済ませ、私の机は…と、指された先に、壁に対峙する事務机と椅子、そのうえにデスクトップPCの箱となぜか卓上電気スタンド。明らかに間借りである。昭和三〇年代のノスタルジーあふれる長屋文化を想起させる映画のような情景だ(機器はハイテク化しているが)。早朝から夕日を感じさせた。その係長から「時間があるとき、PCのセットアップを自分でしてください」と言われる。あとは渡された、これまでの業務に関わる資料(学生支援GP申請書と、申請採択後のミーティング、過去の会議議事録一式)を理解しておくようにと追加があった。研究所の非常勤先でも本棚は用意してくれたのだが、ここには本を置くスペースなどない。個人ロッカーもない。間仕切りがあるわけではない。中央のスペースから、私の作業は丸見えである。初日から、頻繁に二名の教員を訪ねに何人もの事務職員が出入りする。セキュリティもプライバシーもない。耐震補強の工事が終わるまでの期限付きであるが、それがいつまでかは誰も教えてくれない。嫌がらせではなく、本当にわからないから教えてくれないのだろうが、よい印象を持てというのが難しい。

所詮、雇われ特任教員の採用など、急に決まった人事であり、とりあえず居場所を用意しただけであった。いや、用意してもらったことだけでもありがたいのかもしれない。私の期待値が高すぎたのだ。事務組織の日常において、新任教員の配置などは余計な業務で、過不足なく、相手にやるべきことを伝えればそれでよいのだから。業務をするかしないかは話を伝え聞いた私の責任となる。

幸いにして同居させていただいた二名の教員からは、ご自身の今の業務について、仕事と生活について、多くの情報をいただくことができた。両名とも日々の業務を行いつつ、研究者としての両立について悩みを持っていた。ここの任期教員としての業務の難しさ、違和感も教えてくれた。職員の事務的な態度も、私個人に対してのものではないことがよくわかった。教員文化の違いと、大学固有の職員文化によるものが存在する。これは本や人づてで見聞きしたものが、実在することを体感させてくれた。遅まきながら、私は「組織」を初めて知ったのだ。

ここでの居候生活は四カ月続き、平成二〇(二〇〇八)年三月に学生が集まる専用の居場所(B454教室)に移動した。

つぶやき…

私が部門長を拝命したとき、キャンパス内に部門長の机が用意されることを期待しました。実際、そのような話しもあったと記憶していますが、B454教室に私の居場所はありませんでした。実際の滞在時間を考えれば部門長に居場所は不必要ですが、居場所がないことが部門長業務に制限をかけている(精神的な)一面もあったかもしれません。

四ヶ月も居候生活があったんですね。何と言うか、学生支援GPは大学の企画であるにも関わらず、大学内で邪魔者扱いされていたように感じます。

5　大島学生支援部門長

赴任した当日には早速、会議があった。そこで私の自己紹介があると係長に教えてもらっていた。何をやるのかわかっていなかったが、この会議では関係部署の教職員が一堂に会し、そこでそれぞれの進捗状況の報告と今後の方針のための議論がなされる重要な場である。

学生支援部門長である大島先生には、そこで初めて会った。「歯学部教授」という肩書きしか知らなかった。「白い巨塔」の世界で立ち回ることができる厳粛な人なのだろうと勝手に思っていた。自己紹介してみたら、フランクな感じで、「一緒にがんばろう」とおっしゃっていただけた。前向きなオーラ、ポジティブ思考が、初対面の私でも十分感じることができた。ただし、明らかにお忙しい様子は感じられた。私がいる場所は理系・文系・教養キャンパスであり、先生は医歯系キャンパスにいらっしゃる。距離にして、往復二五キロで、車で移動となると往復で一時間はかかってしまう。気軽にキャンパスを行き来することはできない。また、部門長には追加報酬はなく、大学を良くしたいという奉仕の精神で従事されている。多少の教員評価の際にインセンティブ得点は付与されているようだが、細かいことは知らない。私は任期付き教員なので、一般的な教員評価はない。論文を書こうが、研究成果を学会で報告をしようが、関係ない。授業は持ってないので、そもそも評価の対象にはならない。要するに、任期内で指示された業務を適切に「したか／しないか」がその人間の職務への価値判断となる。話を大島先生に戻そう。とにかく、大島先生は日頃の学部・大学院教育があり、研究があり、学生支援GPは忙しさに輪をかけているのだ。

学生支援部門は学生支援GP採択後設置され、立ち上げ当初ということもあり、多くの検討事案があり、そこは瞬時に裁いていかなければならない。大島先生は、それを実践されていた。私からメールで問いかけをすれば、瞬時に返信がくる。直接会わずとも、指示をいただくことができた。その反面、メールの文面だけでのやりとりは、細かい情報、文脈が除去されてしまい、伝達内容にずれが生じてしまう。当初は、私自身、指示の早さと任される仕事の多さには苦労をした。歯学部の上司を持つとこれだけ仕事を振られるのかと、メールの返信が来るたびに滅入ってしまうこともあった（悪意があってやっているわけではないのは、今だからこそ理解しているが）。

その原因はおそらく、私と大島先生の学生支援GPに対する理解、思い入れの差が大きかったのだと思われる。先生は文部科学省への本申請段階から積極的に関わられ、運営体制を含め頭の中に構想が用意されていた。片や私は、申請書内容の理解すらおぼつかなかった（大学の学部数、学生数、教職員数から、申請書に書かれた用語理解まで、何度も読み返した）。先生の的確な指示が理解できず、時には不満があった。そして、先生の指示が時に事務サイドからはＮＧであると指摘され、板挟みにもあった。コウモリが洞窟に入るためのアップはこのあたりから始まりだした。上司が同じキャンパスにいてくれたらと何度か思ったこともある。

大島先生の意図を知ることができたのは、実際に学生を集め、学生支援ＧＰが動き始めてからとなる。今となって言えることは、大島先生が部門長だったからこそ、ゼロからの事業を軌道に乗せることができたのだと思う。文句も言わず、全力で関わってくださった。

つぶやき…

私が「仕事を投げかける」、そして浜島先生が「プロダクトを作成する」、私が「修正を指示する」、そして彼が「プロダクトを完成させる」の繰り返しであったと記憶しています。浜島先生からは、「できない」という反応がなかったので、彼に「仕事を投げ続けていた」というのが実際のところです。

大島先生は、メールだと素っ気ないですよね。浜島先生はもう少し文句を言っても良かったんだと思います。

6　招かれざる教員

当初、学生支援ＧＰへの協力体制などなかったと私には見えた。書面ではあることになっている。しかし、ないに等しい状態であった。何回かの会議をしているが、計画的に進めているとは全くもっていえないものだった。すべて

事務的な手続きが整っていて、それを私が統括し、実務部隊として独立して運営できるものと思っていた。そのようなものは存在しなかった。私の妄想だった。

学生支援GPに関わる教員を選出するにあたり、各学部から違和が生じているという。そこで、副機構長、部門長が、学部の教授会で説明をするということになった。赴任間もない私も書記係を兼ねて同席することになった。全学の代表である副機構長(副学長でもある)と部門長が直々に説明ということで、温和な話し合いができると内心思っていた。

衝撃的だったのが、とある学部での説明会であった。副機構長・部門長の前でも、ほぼ全員の教員が「協力したくない／できない」と強い口調で言ったのである。こちらから、全学を挙げての取組であること、教育・研究以外に「学生支援」も大学のミッションであること、学生支援GPが学生・教職員にとって意味のある試みであること等など誠心誠意伝えても、聞いてもらえなかった。

こちらが学生支援の重要性を主張したところで、「研究で忙しい」、「学部の教育だけでも十分である」、「手当や休日など保障があるのか」、赴任したての私では回答できないような、教員側の本音が返ってくる。そこに低姿勢の副機構長・部門長は、「言い分はわかるが、ご協力をお願いしたい」を繰り返す。学生支援GPのために、ここまで自分を下げてまでお願いするお二人の態度に感心したのを覚えている。「自分は教員で専門しか勉強してこなかったので、学生支援分野では、何も協力できないし、その資格がない」と、自分自身の無能力を開示する本当に情けない意見に対しても、「そこを何卒…」とまで言っておられた。そこまで言われれば、文句の一つでも言っても罰は当たらないと思うのだが、お二人はじっと耐えていた。私はただただ意見をメモしていた。

言えることは、残念ながら、この学生支援GPは多くの人に望まれて企画されたものではなかった。ということは、この企画に呼ばれた私も歓迎されているわけがない。端的に言えば、招かれざる客だ。大学が余計なことをして、余計な人物を連れてきた。学部教員の言い分としては、「自分たちの関係のないところで、好きにやってくれればそれで構わない」とのことだ。大人な社会であれば、そういう思いはあっても(思想信条の自由はある)、見せないようにしたり、婉曲表現にして察するように促したりするが、誰にでもわかる態度を示してくれた。最近は小学生でもあまり見かけないようなわかりやすい態度を見させてもらった。

他学部教員からは疎んじられ、担当係長は私に対し「企画通りしっかりと進めてほしい」と言うだけだった。大島部門長だけが前向きで、課題を出しては、私に振る。振られても困る。私のスタートは最悪だった。私の頭の中では、やはり朱鷺ではなく、鷺が舞う。お先真っ暗だった。

つぶやき…

他学部の教授会での説明は良い経験になりました。大学を挙げての学部を超えた学生支援の取組であるのに、各学部からの反応は様々でした。トップダウンが当たり前の医歯系に所属している私にとって、「協力したくない／できない」とはっきり主張する教員の姿は鮮烈なイメージとなっています。しかし、「協力する」そぶりを見せて、「協力しない」よりも正々堂々と否定する方が自分に正直なのかも知れません。いずれにしろ、学生支援ＧＰの船出は前途多難な幕開けでした。

僕のグループの担当教職員は「仕方なく出席してるんだ」という表情をありありと出していましたね。でも学生は「嫌なら来なくていいですよ」とは言えません。

1　平成二二（二〇一〇）年九月に亡くなられてしまい、もう二度と論文を読んでいただけなくなってしまったことが、本当に悔やまれる。
2　その後、学生支援ＧＰに関わる授業担当をすることになったので、この約束は破らざるを得なくなってしまった。
3　学生支援ＧＰ終了後はその反動もあり、出勤時間も多少ルーズに、八時四五分ごろとなってしまった。
4　ただし、特任の肩書はつかない。おひとりはすでに他大学に移られている。

第5章　学生支援GP管理運営者の混乱

1 「研究ができない」から「研究はしない」へ

もしも指導を受けた先生方と同じコースを歩めたならば、私は学部に所属し、授業（教育）と論文（研究）を中心にした生活を送ったであろう。そこに、学年アドバイザーや部活の顧問を引き受ければ、そこそこ「学生支援」もやっていることになる。

しかし、私は学部には所属せず、授業も持たず、論文を書くことが期待されないところにいる。「学生支援」業務が本務となり、学生に居場所を提供した部屋に開室から閉室まで常駐している。学生支援ＧＰに関わる業務と学生からの私への問いかけすべてが、「学生支援」の範疇だと、私は思っている。「鉛筆を貸してほしい」との依頼、ある学生からの「本日の出来事」を聞くことは、学生支援ＧＰに従事する専任教員ならば、当然すべきことである。

もしも学部に所属していたならば、この日々の学生との関わりから、「イマドキの大学生」を探るヒントになり、これをもとに論文や本などを書くことができただろう。学部の教員の本務として、業績を積まなくてはならない。研究もノルマになってしまっているかもしれない。

しかし、私は学部に所属していない。授業もなく、朝八時半から一九時まで部屋に常駐し、そのあとは翌日の準備をして、施錠する（二二時ぐらいに帰れれば暇なほうだ）。また翌朝になると同じことを繰り返す。

実のところ、学生支援部門の居場所がなく、居候していた時は、私はまだまだ研究ができると思っていた。そして、合間を縫っては研究関連の書物を読んだり、東京にいる馴染みの研究グループから依頼されていた原稿を書いたりしていた。それが徐々になくなっていった。

誤解のないように言っておくが、多忙であるがゆえに物理的に「研究ができない」のではない。ここでは「研究はしない」という選択を私がしただけのことである。私の受けてきた社会学の研究的立場は、研究対象に距離をとって、多角的に分析することである。参与観察、インタビュー、アンケートデータを当事者の利害に関係なく、問題関心、理論的枠組みにそって、検討していく。社会学の学問体系として「理論的な貢献」、「新しい知見」に値する研究となっているかどうかが大事であり、私情を持ち込まないことが、研究者として求められる（と私は思っているし、多くの先生方からの教えを受けたことを大事にしている）。

しかし、従事した仕事は、「学生支援ＧＰを遂行すること」、「学生のためになること」が求められる。私は研究者ではなく、実践者になったのだ。学生支援部門の居場所ができ、学生が毎日、顔を出すようになってから、それなりの葛藤はあったが、「研究はしない」ことにした。学生は実験材料ではないし、自らそう見ることを放棄した。そうするとすごく楽になった。私の中で辻褄があったのかもしれない。他の人がここの学生支援ＧＰを担当したらどうなのかは知らないが、私は実践者に徹することにした。

実践者の役割を終えれば、研究者に戻る。だから、研究者を諦めたわけではない。研究者に戻るときには、ここでの遅れを取り戻すだけで、相当の労力が要るのだろう。少しばかり、人生設計にはなかったブランクがあっただけだ。それはそれで意外と楽しみではある。

つぶやき…

文系の世界はよく分からないですが、長いブランクの後に研究を再開することは相当の労力が必要になるのではないでしょうか。それ以前に、研究をするためには、そのための環境が必要になります。学生支援プログラムの実践の経験が活かさせる様なポストを獲得し、かつ研究に従事することが出来れば、今までの苦労も報われますね。

僕は、浜島先生は「研究はしているけれど分析結果は言わない」と決めているのかと思っていました。だから、あまりグループ運営に関する相談はしなかったんですよね。浜島先生の禁を破らせるかもしれないので。

2　学生支援部門での仕事

私は学生支援ＧＰで具体的に何をしていたのだろうか。業務内容について、実のところ、まともに振り返ったことがない。その作業が面倒だからということと、「任期付き雇われ専任教員たる者は学生支援ＧＰの全てを行うべし」という無言の圧力に屈し、依頼があったものは受けることにしていた。もちろん、予算執行の手続きや事務手続きの起案書類などは、私がすべきことではないようなので、全てを行ったということではない。

まず最優先されるのは、学生支援部門の居場所に常駐し、日頃のミーティングや地域活動企画について、グループの様子を見守りつつ、学生から相談があればいつでも応じることである。事前に相談の予定があれば時間の設定もできるが、急な相談の場合、直ちにおこなう必要がある。言ってみれば、消防隊員・レスキュー部隊のような心がけをしていた。何か購入したい物品があれば、それについても目的を聞き、検討すると答え、学生支援部門で話し合った内容を通達した。ミーティングが円滑に行えるように事前に予約を確認し、場所を用意しておく。また、ミーティングが終われば、記録を報告してもらい、ホームページに入力し、掲載をしていた。

学生支援ＧＰ参加学生を交えての意見交換会や成果報告会（その後、シンポジウムへとつながっていく）などの企画、運営もあった。ＦＤ・ＳＤの企画、出欠、運営、まとめの作成もおこなった。ポートフォリオについても大島部門長と一緒に原案策定から、業者との折衝、納品まで立ち会うこともおこなった。他にも、事前に設定された、学生支援部門での定例ミーティングの資料作成と資料後の記録メモの作成、担当教職員がメンバーとなっている会議の開催通知と出欠の取りまとめ、会議資料の作成と印刷、会議中の概要メモと議事録の作成と配信をおこなった。年に一度の学生支援ＧＰ外部評価委員の先生方をお招きする際のアポイントから出欠、当日の会議資料、懇親会の出欠、お礼のメールや評価内容の確認などもおこなった。年度ごとに入れ替わる担当教職員の説明会の準備と同席もあった。各年度の学生支援ＧＰ調書（年間計画と概算請求）の草稿準備や学生支援ＧＰの年度報告書の作成、印刷会社との交渉、校正、配布先のリストアップもおこなった。その他にも会議以外でも急な依頼がある。大型ポスター印刷機器の使用の依頼を受け入れ、実際に打ち出し作業をしたり、パンフレット記事の確認や校正をしたりすることもあった。

やはり、学生支援ＧＰに関係するものは何でもやっていた。もちろん、私だけではなく、事務補佐員さんを含む学生支援部門の事務担当の方、大島部門長と協力していった。大島部門長が諸事情で辞めた後、さすがにやり過ぎということで、私の負担は減った。しかし一番の負担は、私自身にこの学生支援ＧＰへの手ごたえ、やりがいが最後まで起きなかったことだと思う。体力的につらいのは確かにあったが、精神的に手ごたえを感じなかったことが一番つらかった。それは誰かのせいではない。私が悪いのだけれども。

つぶやき…

私も学生支援ＧＰの実務が浜島先生に集中していたことを問題視しており、事務組織との役割分担を図ろうと努力しましたが、実現することが出来ませんでした。

浜島先生（と事務補佐員さん）がいなければ、学生支援ＧＰは立ち行かないことは、学生の間では周知の事実でした。本来三、四人でする仕事量をひとりでしていたのではないでしょうか。

3　任期付き専任教員の一日

これは私の平日の業務内容である。大学に着いてから、帰るまでに何をしたのか、その日の出来事を備忘録も兼ねて記録していた。以下は、平成二一（二〇〇九）年四月二一日（火曜日）のメモである[1]。当日は学生支援ＧＰ新規参加学生に向けた報告会を開催していたことと、翌日に二つの会議があったため、それに追われていた様子がわかる。夜遅くに大島先生に歯学部からお越しいただいた。

私自身、もう記憶にないことであるが、読み返すと、いろいろやっていたようだ。

【午前】8：30―大学到着↓メール確認後↓事務補佐員さんと申し送り／数名から二二日の会議の出欠連絡／大島先生のメールに返信↓選出教員にメール／××さん↓ブログについていろいろとコメント↓××先生にまで話が通じているようだ／××先生が今年度もグループ担当教員継続とのこと↓グループ配置について相談↓大島先生から返信↓とりあえず三名体制か／各グループにハードディスクを購入する予定↓デジカメ修理の依頼／××さんから二六日の地域活動参加に伴う振り替え休日の予定を聞かれる↓××先生・××さんにお話しておく／××先生に一年生宛てにメール配信できるかどうかメールで聞く／12：00―お昼ミーティング↓弁当来る↓××さんくる↓××先生に××生宛のＣＤをお渡しする／●グループ××先生来る↓二三日の練習について問い合わせ／△グループから↓明日の報告会はできない↓私が代読することに↓スライド作成↓完成／一年生経済学部の学生が来る↓説明（××君）↓グループ参加申し込む

【午後】13：00―◇グループ××先生からお土産いただく↓その後、ミーティング報告をいただく／阿賀町からカツラ業者が来て、五月三日の狐の嫁入り行列参加に向け女性の頭を測定する↓役場の方ほか三名がいらっしゃる↓無事終了／■グループ××先生から山形県小国町のお話がある↓先生が忙しくて引率できず↓職員××さん↓今年度は担当しないとの報告も合わせて↓学生五名いく↓医学部一年生も参加とのこと／××さんに各学部に一年生参加募集について依頼のため説明にまわっていただく↓各学部の学務係長にお願いしてくださる↓そのために普段は一八時までだが、一八時三〇分までいていただく

【夕方】16：00―事前にうちあわせ↓16：30―各グループからの報告会（B353）に出席↓18：10に戻る↓司会・報告学生に打ち上げ（お茶とお菓子をあげる）↓▽グループミーティング↓××先生参加↓××さん歯学部より参加↓バス券を渡す／大島先生とスカイプでお話する↓二〇時頃こちらに来て打ち合わせ／××さんから電話↓▼グループ行程表がほしいとのこと↓スキャナで取りこんでメールを送る↓別件依頼↓文部科学省提出調書作成でチューター数を調べたい↓昨年度は九人と答える／たまったメールを確認↓返信↓××先生から、学務情報システムを用いた新入生アンケートの回収率は二二％を越えたとのこと↓一年生宛てへのメールは出せるらしいとの返信↓お礼と詳細について伺うため電話をかけてみる↓遅いので研究室には不在↓明日以降連絡することに／大島先生来る↓グループ構成の打ち合わせ↓二二日の会議について↓二一時三〇分ごろ終了／▽グループから一年生合流時期の意見書をもらう↓赤を入れて返却予定↓大島先生と××さん帰る／本日16：30からの報告会ビデオ・デジカメ写真格納↓報告記録を部門ＭＬに送るなど作業／二二日の会議の昼食の数などを最終的に聞く↓帰る

　事務補佐員さん、大島先生だけでなく、学生支援ＧＰに関わる多くの教職員、学生が、学生支援部門の居場所にやってきたり、電話やメールで問い合わせがあったりした。学内外の多くの皆さんが関わることで、学生支援ＧＰが動いていたのだと感じる。もっとも、これくらい人の出入りがないと、プログラムは活性化しない。だから、閑古鳥が鳴

くよりも、忙しい方がよいのだ。

学生たちの活動報告会などのイベント、普段のグループミーティング、会議準備などが重なったので、この日は忙しいようだ。もちろん、こういう日ばかりではない。学生が少なければ対応することもないので、メールのやり取りや会議その他の資料作りに専念できる。教職員からの問い合わせがなければ比較的自由な時間もできる。

なかなか平均的な一日を明示できないが、平日の一日は、午前（8：30～昨晩のメールチェックと本日の準備）・お昼（12：00～グループミーティング時の待機）・午後（13：30～問い合わせや資料作成）・夕方（16：30～夕方ミーティング時の待機や学生と相談）・夜間（19：00～学生支援部門の居場所閉室後の後片付けや明日の準備など）と時間帯によって、主たる業務内容が変わっていく。

業務時間は、必要な外出以外は、ほぼ学生支援部門の居場所に常駐していた。相談をする時間もあるが、ほとんどパソコンの前にいて、メールの送受信をしていた。朱鷺も、白鳥も、鷺も見る機会がない。夕暮れ時のカラスの大群を窓から見続けていた。

つぶやき…

平成二〇（二〇〇八）年五月二七日に学生支援部門のメーリングリストを立ち上げましたが、私が部門長を退任した翌年の五月一日まで一八四四通のメールのやり取りがあり、半分が浜島先生で四分の一が

私のメールでした。メールにはメーリングリストでのやり取り以上の多くの私信メールも含まれるので、メールだけでも想像を絶する仕事量だったことが分かります。

学生で、浜島先生が帰宅されるところを見た人はかなり少ないのではないかと思います。遅くまで帰れないことが多い工学部生が、実験を終え帰るときにも、B454教室の明かりが灯っていたそうです。

4　プログラムマネージャー

学生支援GPの専任教員の役割はこのプログラムを柔軟に、かつ目的に沿って動かすことである。大学の使命を理解し、執行部（リーダー）からの指示を受け、それを具体的に参加者（フォロワー）に伝達する。逆に、フォロワーからの要望を聞き取り、学生支援部門で検討し、要望に対してフィードバックをおこなう。

大学と参加者の間を取り持つのが、学生支援部門であり、その中核を担うのが専任教員ということだ。大島部門長に言わせれば、「プログラムマネージャー」ということになる。私から言わせてもらえれば、このプログラムマネージャーは、専任教員でなくともよい。優秀な事務職員で賄うことができる。いや、事務職員こそ適任である。

その大学に長年勤務し、理念を共有し、愛着もある（はずだ）。大学の複雑な組織、人間関係、権力関係についても、熟知している。ネットワークも豊富である。新任の素性もわからないような外部の人間を採用せずとも、入職一〇～二〇年の働き盛りの有能な職員が専任として従事することが、大学にとっても、学生支援GP（その後の準備も含めて）にとっても、良いことである。これは自己否定につながるので、我ながら情けなくもあるが、実際に業務に従事するにつれて、それが正しいと思うようになった。

大島部門長は当初、私にそれをやるようにと命令した。残念ながら、それはできない。多少は試みてみたが、組織経験値と事務処理能力が不足しているがゆえに無理だ。プログラムマネージャーは、特殊な専門職である。昨日まで大学院で研究していた人間に務まるわけがない。相応の資質、専門知識、実務遂行のためのスキルが要求される。前例のない取組であるので体系化することはできない。だからこそ、大学職員の中から一線級を抜擢する重要なプロジェクトとして取り組むべきだったのだ。学生支援ＧＰ申請の段階から、熱意があり、資質があり、この人ならば任せられるという人材を登用すべきである。

これ以上、書けば書くほど、自分の首を絞めてしまう。なので、専任教員の役割についても触れておきたい。任期付きの専任教員は、プログラムマネージャーのブレーンとして、学外からの情報を広い視野で提供する役割が求められる。また、プログラムマネージャーのみに責任がかかるのは負荷となる。お互いチームとしてサポートし合うことも役割として求められる。一人で仕事を抱え込まないように、お互い建設的な意見を言い合い、ガス抜きも必要だ。専任教員が、プログラムの成果をまとめ、学外に発するなどの役割分担もできる。

学生支援ＧＰではプログラムマネージャーは不在だった。私と事務補佐員さんで相談しながらあれこれ試してみたが、大学職員の経験値が何分ゼロなので、苦労の連続だった。

つぶやき…

浜島先生はプログラムマネーシャーの役割を十分果たしていたと言えますが、プログラムマネージャーは事務職員が担当すべきで、専任教員はプログラムを客観的に評価し、プログラムをアカデミックな活動として分析し、大学内外に向けて発信していくことを主体的に行うのが望ましいと思います。

たびたび書いていることですが、事務組織には不文律が多くありそうです。それは合理的というより慣習的なもので、疑問を持たない人が出世する世界なのかもしれません。

5　人材のミスマッチ

学生支援ＧＰに任期付きの専任教員（＝私）を配置したのは失敗だったと思う。そのことについては、「プログラムマネージャー」の節で適任者像に関して触れている。ここでは、私自身に関して触れておこう。プログラムがうまくいかないのはシステムの問題だけでなく、プログラムに従事する人間のスペック（特性とかパーソナリティ）に大きく依存しているからだ。

端的にいえば、現状の学生支援ＧＰの仕組みにおいては、私は雇われるべき人間ではなかったのだ。自ら、「失敗である」と述べるのはどうにも悲しいところはあるが、可能な限り、客観的に分析してみたい。

まず、私は国立大学を知らない。大学・大学院と私立出身である。国立大学の様子は、指導教員や研究仲間から聞く程度のことはあったが、我が事ではない以上、感覚的に理解することはできなかった。ここの大学の学部数・名称すら知らないあり様であった。私立大学の風土は学生・非常勤で経験があるが、地方国立大学の風土は何も知らなかった。

次に、専攻分野とプログラムが合わない。私の専攻は社会学、教育社会学である。教育とついているから、大学教育とも親和性があると思われるが、私の立場は、教育と呼ばれる現象を社会学の観点で分析するのであって、いわゆる教育学的視点であるとか、教育論たるものについては、専門外である。むしろ、教育現象が誰によって「つくられているか」、斜に構えてみる立場である。日常の当たり前の出来事も、懐疑的にみる癖がついている。即効性、実効性が問われるこのプログラムに、立ち止まって、ゆっくり検証し、「おかしさ」を述べるのは全体の士気を下げてしまう（学生支援ＧＰの「おかしさ」は雄弁に語れるが）。

さらに私には、事務能力がない。就職経験がないので、事務手続きが何たるかを知らない。役職があって、誰が何をしているのか、初めて知った次第である。事務作業がわからないまま、従事する作業が事務的なものばかりである。

特殊な言語を使用するとか、専門知識を取得するような業務ではないので、作業内容を教えてもらえれば、やれなくはないものの、メリハリがわからない。どこに力を入れ、どこで休むかがわからない。私の仕事は、朝から晩までメールの応答と会議資料の作成に追われたのだが、もっと効率よく処理することもできたはずである。そういう意味で事務的な作業には向いていなかったのだ。

最後に、私にはチームワークスキルがない。研究仲間はいるが、理系と違って、テーマは自分で設定し、個人で原稿を書く機会が多い。指導教員も、「あなたがやりたいことをしなさい」と自主を尊重してくれた。チームで役割分担をし、プロジェクトを動かす経験が乏しかった。

以上から、私以外の有能な人材が専任教員になっていれば、よりよい成果が得られたはずだ。そのことは、折に触れて、各方面に私なりに覚悟をもって、何回かお伝えしたのだが、有効な改善策はいただけなかったと記憶している。

つぶやき…

人材のミスマッチを指摘するのなら、学生支援部門としての人材の役割分担のミスマッチを議論にすべきでしょう。

浜島先生の事務能力は高かったです。でも性格としては、一歩引いて時間をかけて分析する、というタイプだったのですね。

6　上司は思いつきで指令を出して、ときに反故にする

専任教員としての大きなストレスは、上司を含む関係者からの命令や依頼事項である。大島部門長は、当初より多

くの命令をメールで通達してきた。部門の最高責任者なので、命令を出すのは至極当然である。報告を聞き、次の指令を出す必要もあるから、大島部門長のやっていることは正しい。

それでは、何がストレスになるかというと、私にとって無理難題を平気で振ってくるところにある。ある案件に対し、報告することがある場合、下調べが必要になる。たとえば、担当教職員の意向、学生支援部門職員の意向、学生の意向、人数、根拠などを調べなくてはならない。その労力は、報告内容の短さとは比べられないようなものだったりもする。報告の締切は設定されているので、時間に限りがある中で、あれこれ考え、調べる。説明できるようにどうにかまとめる。一つの案件が終われば、そのあとに別の案件が来る。時期によっては、複数の命令が同時に来たりする。シングルタスクで悲鳴をあげている身としては、これは堪える。ときには、窓口の係長他、事務職員の方々が助けてくれることもあるが、情報がない場合などは助けてくれない(意地悪をされているわけではなく、純粋に手伝えない状況にあるのだ)。いろいろ作業をして、ともかく期日までに回答をする。大島部門長からは「わかりました。ありがとうございました」と簡単な返答(確認)がある。私としては、「それだけか！」と思いつつも、業務命令である以上、引き続き別の業務に関わる。その繰り返しだ。

ストレスを増大させるのは、上司の命令が変わることだ(大島部門長は、そう思っていないかもしれないが)。学生支援GPそのものが始動時期であったため、自転車操業につき、今にして思えば、それも仕方のないことである(大島部門長を責めることはできない)。

とはいえ、部下の身としては、上司の明らかに思い付きではないかという発言に左右されていく。どこに根拠があるのか、意味不明な発言も、責任者であるがゆえに、原則(余程、間違っていると確信が持てない限りは)従わざるを得ない。納得できない場合、私なりに食い下がってみたりもするが、歯学部教授として幾多の修羅場をくぐりぬけた大島部門長に軽くいなされる。部門長の仕事は「やるか／やらないか」であり、その情報を頼りに次の一手を考えるのだから、「やらせる」以外、解答はない。なので「やります」しか言えない。

もう一つ厄介なことは、コロコロ変わる上司の発言を、参加者（フォロワー）にどう伝えるかであった。自分が悪いわけでもないし、上司が悪いとも言えないし、中間管理職の悲哀を肌で感じざるを得ない日々であった。得意な人がいれば、お任せしたい。

つぶやき…

確かに結果（プロダクト）だけを見ていて、その過程には全く配慮が足りなかったのは事実です。反省しています。

うーん…。大島先生自身も、日々の仕事量が物凄いですから。浜島先生並の仕事は、毎日して当然という生活を何年も続けているのでしょう。

7　悩みのタネ

私が、学生支援GPに従事して以来、悩まされ続けたのが、「金」と「保身」の二つだ。

「金」とは予算執行である。学生支援GPは文部科学省からの外部資金で成り立っている。年度ごとに概算要求をして、大学に振り込まれた額を、活動目的に即して支出していく。支出は概算要求に基づいて行うが、活動内容に応じて別途必要物品が出てくる。学生支援GP活動が必ずしも前年度の計画通りには進まない代物であるため、急な支出が求められる場合もある。この場合、文部科学省（ひいては税金を納める国民）へ明確な説明ができれば問題ないのだが、それは現場側の論理であり、帳簿を管理する事務側からしたら、不安で仕方がない。管理側には、独自の流儀が存在するように思われる（専任教員はそこには立ち入ることができないので、わからない）。納得いかない支出には、たびたび「待った」がかかる。現場側の主張と噛み合わず、意思疎通が図られないときもあった。今にして思えば、管理側の言い分をきちんと理解する度量の広さが求められたのだろう。

「保身」とは、言い換えれば、関係者の「政治的立場」である。学生支援GPには様々な学内外の立場から協力をいただいている。それぞれがボランティアではなく、独自の「利害関係（ポリシー）」を持って参加している。それをどのように調整するか、いわゆる落とし所を含めて、専任教員の業務に含まれていたのは、経験値のない私にとっては悩みの種だった。学生支援部門で検討するのだが、そもそもここがすでに教職員関係、大学運営関係に直結する利害集団で構成されている。まとまらないこともままあった。学生支援部門に限らず、学生支援GPは前例のない取組であるがゆえに、得られる成果に不確実性要素が含まれているため、率先して関わろうという集団は少ない。学生支援GPは、学生と地域関係者以外からは、「お荷物」扱いされ、火中の栗として誰も拾おうとはしなかった。自分たちの既得権益をいかに守ろうとするか、「保身」をめぐる戦いが随所に繰り広げられていた。会議というフォーマルなところでそれがあれば、私個人（もしかしたら事務補佐員さんにも）へのメールや電話などインフォーマルなところでもあった。私はこういう駆け引きが得意ではない。当事者として巻き込まれることは想定外であった。不本意ながら、俗にいう「根回し」がなぜ必要なのか、身を持って知ることができた。

未だにこの二つの対処法はわからない。ただ、組織人の生活を続けていくうちに自分も、この文化に染まっていることに気付く。「金」の扱いには慎重になったし、「保身」についても利害関係を意識するようになった。「郷に入りては郷に従え」なのか「朱に交われば赤くなる」のか。業務ばかりしていると自らの「保身」が気になっていく。

つぶやき…

学生支援GPは前例のない取組であったがために、事務方としては必要以上に予算執行に慎重になっていたのでしょう。しかし、学生の主体的な活動に繋がるような取組を積極的に支援していく体制が求められるべきでした。確かに「根回し」は重要ですが、その前に「学生支援の理念や目的の共有」が必要であったと思います。

こうした慣習は学生にまで影響しました。まだ始めてすらいない企画の「予算を考えろ」ですから。

8　愛着は大事である

人が成長して、その地位にふさわしい人格を形成するのか。それとも、その地位が人をつくっていくのか。任期付きの専任教員とはいえ、大学教員組織の末端ではあるので、私にも教員たる地位が存在する。つい先日まで万年大学

院生をやっていた頃とは、明らかに周囲の「まなざし」が違う（そのことぐらいは、さすがに私でも空気が読める）。

少なくとも、私に大学教員になりたいという思いは、他の求職院生に比べれば低く、むしろ地位上昇欲求はとくになかった。好きなことをして、食いつないでいければそれでよかった。というわけで、大学教員としての人格形成に対しては自覚も、興味もない。そこに急に地位が降ってくる。役割を学習しながら、地位にふさわしい人間になるほかない。

残念ながら、私は、この大学の教員という役割には向いていないことがよくわかった。学生支援GP担当の任期付きの従事者としての役割に対しては、全生活での優先順位を一番上に置き、できる限りのことをしてきたつもりだ。文部科学省、ひいては税金を納めた国民の皆様への感謝とそれに対しての説明責任という使命は全身全霊を持って果たしたい。この仕事のおかげで、私は生きていくことができているのだ。

だが、ここの大学教員の役割は私にはわからないし、果たせないのだ。申し訳ないが、大学組織に愛着というものが生まれなかった。私は、卒業生でもなければ、ここの地域出身でもない。関係者も含め、接点がほとんどない。何より、赴任直後の印象が先にお示しているように最悪だったとしか言いようがない。

たしかに大島部門長、事務補佐員さんをはじめ多くの仕事仲間に出会い、支えられている。共著者の清野君のように、学生支援GPに賛同し、一緒に前を向いて取り組んでいる学生にも好感を持っている。受け入れ地域の皆さんの心遣いもうれしい。しかしながら、自分はここの大学の教員としてのプライドはないし、ここの大学のためになることをしたいとも思わない。理屈では理解しようとしているものの、感情的にダメなのだ。学生支援GPを良くしたいとは思う。活動する学生のためには、私でできることはしたい。それだけだ。

きっと良識ある大人は、葛藤があっても、上手に折り合いをつけて、敵を作ることなく、立ちまわる。自分だけの利益だけでなく、他者へも利益をもたらすことができる。そもそも、こういうスキルを養成するのが学生支援GPの成果になる。それができない私の役目は、学生の模範ではなく、反面教師となることだ。もちろん、大学としてそれはマズイ。大学の評判を落とし兼ねない。大学は評判・人気・威信・信頼が大事である。残念ながら、私はここの大学の一員という感情は薄い。ともに目的を共有しているわけではない。文部科学省からお達しがあった学生支援ＧＰという個別の目標に向かって、目的を共有できた数少ない同志と一緒に仕事をしている。そう思うのだから、仕方ない。納税者である国民に対しては、一国民としてできる限りのことはしたいと思ってやっていたぐらいだ。

つぶやき…

「学生支援ＧＰを通して、学生の人間的な成長に寄与したい」という思いがあれば十分だと思います。ひいては、そのことが大学の利益に繋がり、大学構成員としての役割を果たすことになるからです。僕は自分自身のスキルアップよりも、学生全体の能力が上がったら良いなと考えていました。それは愛着ではなく、好奇心から来るものです。自分よりすごい人たちが沢山いる大学って楽しいじゃないですか？

9　平成二一（二〇〇九）年九月が転換期だった

私が赴任したのが、平成一九（二〇〇七）年一一月、厄介な火中の栗を拾わなければならないと感じたのが三日目。どうにも無理だと諦めたのが一ヶ月後、そして、学生支援ＧＰ終了（＝任期満了）が平成二三年（二〇一一年）三月。三年四カ月の重苦しい任期生活である。その間に、契約更新の機会があった。というのも、任期は最大三年であり、どこかで一度更新をしなければ、三年四カ月在職することができない規約がきちんと大学内に存在していたからだ。

契約期間は、一旦平成一九（二〇〇七）年一一月から平成二一（二〇〇九）年三月までとし、その後平成二一（二〇〇九）年四月から平成二三(二〇一一)年三月まで、ということになった。この区切りが事務手続き的にも都合がよかったらしい。平成二〇年(二〇〇八年)一二月に更新の有無の照会が来た。大島部門長にも、同室の事務補佐員さんにも相談しなかった。回答は「無」とした。全力で走ってみたものの、最初の一カ月で答えは決めていたし、好転することは――申し訳ないが――なかった。

「無(つまり、更新の意思がない)」を伝えると、大島部門長、事務補佐員さんから慰留された。「勝手に決めないで欲しい」と注意もされた(幼少期、三〇歳以上の大人は怒られないものだと思っていたが、現実には四〇歳を前にしても、私はあちこちで怒られたり、叱られたりもする。よい子はマネしないでほしい)。引き止められることも、注意されることもないと思っていたので、驚いた。そして、我が事のように思ってくれる人が数少ないが存在していたことを知った。私は、お二人に相談せずに決めたことを詫びた。「失うものはないのだから、残りの期間、学生と一緒にできるところまでやってみよう」と大島部門長が言ってくれた。数少なくとも、信頼のおける上司、事務補佐員、学生がいるのであれば、ということで、一転して、更新「有」の回答をした。

更新はしたものの、業務内容の本質は変わらず、自転車操業は続いた。しかし、仲間がいることは精神的支えになった。学生支援GPの目的を共有し、いけるところまで全力疾走することにした。私が公然と辞意を表明したことで、結果的に、絆が深まったように思う。

しかし、大島部門長が平成二一(二〇〇九)年五月で学生支援部門を去った。所属の歯学部での仕事が忙しくなったためだ。また、事務補佐員さんが平成二一(二〇〇九)年九月で退職した。旦那さんの転勤が決まったためである。やむを得ない理由ではあるが、言い出しっぺの私が取り残された。「あとは任せた」と大島部門長は学生支援部門から居なくなった(あのときの私への引き留めは何だったのか…)。

仲間を失った私は、信頼を寄せる最後の砦である学生とともに全力疾走を加速させた。一人で暴走したのだ。スタッフ側に、ブレーキをかけてくれる存在がいない。いや、私が聞く耳を持たなかった。この代償は大きかった。そして、ついに心身ともに支障をきたす状態に陥ってしまった。悪いのは誰だ。誰でもない。一人で勝手に孤独感を感じた私が悪いのだ。

同志のお二人が去り、学生支援ＧＰの運営方針と流れは変わった。参加学生にも影響を与えてしまった。人が変わると仕組みも変わる。

すべては、平成二一（二〇〇九）年九月、ここが転換期だった。

つぶやき…

申し開きをさせて頂けば、私がいなくても学生支援ＧＰは継続できますが、浜島先生がいないとＧＰが立ちゆかなくなることは明白でした。誤算は事務補佐員さんが辞めたことでしょう。結果として、浜島先生を追い込んでしまった私の責任は大きいと思います。

この頃には僕もとっくに学生支援ＧＰへの興味は失っていました。キャンパスも変わり、浜島先生のことを聞く機会自体もなくなっていました。

1　個人を特定させないため、固有名詞は伏せ時にしてある。

第６章　学生支援ＧＰ実践の成果

1　清野君との出会い
2　ポートフォリオ
3　ミーティング
4　地域活動
5　Ｘグループ
6　学生支援部門の居場所：Ｂ４５４教室
7　シンポジウム：平成二〇（二〇〇八）年一二月
8　ＦＤ・ＳＤ
9　評価委員会
10　他大学視察
11　居場所に常駐することの功罪
12　地域活動ハンドブック
13　贈る言葉～第１期卒業生の皆様へ～

1　清野君との出会い

平成一九（二〇〇七）年度の学生支援GP参加学生募集は、各学部にお願いした。一〇グループを運営することが決まり、各学部に学生説明をしてもらった。清野君は歯学部で説明があり、手を挙げてくれた学生である。

学生支援部門との顔合わせは、その年の一二月中旬であった。その際には、すでにこちらで名簿をもとに事務補佐員さんに、各学部が均等に混ざるように学生をグループ分けしてもらっていた。この名簿をもとに学生は各グループへと配属となったのである。清野君は、Aから順にJまで用意したグループのFに配属されていた。このときは顔合わせがメインであり、年明けから各グループにミーティングを開始するように促した。

Fグループは顔合わせ時に佐渡に行くプロジェクトを選択した。一月よりミーティングが開始され、三月に実際に佐渡に行くことになった。学生支援部門にはミーティング報告があり、進捗状況は理解していた。そして、佐渡に行くにあたり、担当教職員が誰も行かないのは問題であるということで、急遽、私が行くことになった。

佐渡に行き、グループの状態がよくわかった。学生同士が思ったことを言い合っていない。何をしていいのかも、わかっていなかったのだ。私は佐渡で、学生支援GPの目的について話をした。一人の学生が、「自分ともう一人の学生が今回の活動について違和感を持っている」と申し出てくれた。そして、今度、ゆっくり話をしようということになり、佐渡から戻り、連絡を待った。

三月下旬、その学生である清野君が学生支援部門の居場所に来た。その前にうかがう旨をメールで教えてくれた。律儀な学生である。「不満がある」と率直に語ってくれた。学生支援GPが当事者である学生のためにならないのであれば、実施する必要はない。事務補佐員さんの意見も同じだった。大島先生も同じだと思った。日頃のミーティング状況、佐渡での学生たちの戸惑い、理念と現実の乖離を私は感じていた。

赴任から数カ月、やっと当事者の学生と前向きな話ができると、次の展開の手ごたえを感じた。やる気のある学生と一緒に、この部屋を活性化していこう。居場所が活気づけば、様々な企画が学生から発信されてくるはずだ。すでに私の教職員への期待は失せていた。学生支援部門に対しても、専任教員であるはずの私の力など、任期付きの分際ではないことはすでにわかっていた。頼れるのは学生のみである。いや、もう学生の力しか、なかったのだ。

清野君は意欲的な学生だった。こちらの頼みも、聞き入れてくれた(断り切れず、ストレスを与えてしまったかもしれない)。私にとっては、学生支援GP同志の一人である。どうしようもなく、お役にたてない任期付き教員で申し訳ない思いでいっぱいである。

つぶやき…

学生の主体的な活動が学生側から提案されたことは、学生支援プログラムの手応えを感じた出来事でした。

あの時点で「頼りは学生しかいない」と思っていたなんて、想像もしませんでした。新しいグループを作りたい僕にとっては良い巡り合わせでしたね。

2　ポートフォリオ

学生支援GP経費の中で、私の給料の次に、支出額が大きいのが、ポートフォリオシステム(自らの活動を電子媒体の記録として残し、振り返りの成果をアウトプットできるもの)の構築だった。今となっては、学生支援GPの成果として触れ

られることはない。

ポートフォリオの重要性は、大島部門長が何度も説明されていた。実際にアメリカまで視察に行かれ、なぜこの学生支援GPにポートフォリオが必要なのか、力説されていた。

ポートフォリオの重要性と効果については、私としても理解を示しているものの、この学生支援GPにおいては「失敗」と、私は結論づける。もちろん、ポートフォリオシステムの構築については、大島部門長と一緒に何度も相談し、業者とも折衝を繰り返し、よりよい仕組みを用意したつもりである。その仕組みは、清野君も書いているが、最終的に「キャンパスブログ」という形で、学務情報システム内に各グループメンバーだけのコミュニティを作り、そこに日々の活動記録を、ブログ（日記）形式でアップロードできるものとして、公開している。もちろん、現在もグループ内で使用できる状態にある。この管理・維持も専任教員の仕事の一つであった（在職中、管理者として私が細々と行っていた）。

「失敗」の理由は、学生・教職員が利用しなかったことである。ブログ形式にしても、ほとんど誰も書き込みをしなかったのだ。大島部門長はどう思っているかわからないが、私は当初から、この学生支援GPにポートフォリオは馴染まないと感じていた。

学生支援GPは正課授業ではない課外活動である。この活動のために、専用のノートを用意して、資料を整理する学生は希少である。普段の授業でもなかなかメモをとっていないのだから、なおさらである。学生たちは、学生支援GPに学習を求めていない。友人作りや地域活動を求めている。確かにポートフォリオは強制された学習目的ではない。しかし、自主的に、自ら学び、振り返りをして、最終的に公表する[1]のは、ハードルが高い。

そもそも提出物、メールのレスポンスが遅い多くの学生たちに、次から次へと開催されるミーティングをその日のうちに端的にまとめるというのは至難の業だ。そのための科目を用意することの方が、必要とされていることなのかもしれない。それをマニュアル化することに問題がないわけではないが、実施すると決めたらそこまでしないとダメだろう。

仮に書き込みを行ったとしても、他者からの応答がない。双方向でコミュニケーションが取れれば、やる気にもなるが、手ごたえがないので、連続性がないのである。

私は、グループ活動の活性化を最優先課題にし、ポートフォリオの順位を下げたのだった。

つぶやき…

学生・教職員の「キャンパスブログ」の利用を推進するための方略がなかったのが最大の問題点です。満足できるポートフォリオシステムの完成には時間がかかり、最終版が完成したときには、私が既に部門長を退任しており、「キャンパスブログ」利用の活性化策を実施することが出来ませんでした。部門長を辞めた私に大きな責任があります。

はっきり言って、ブログもポートフォリオも使えるレベルじゃありませんでした。ツギハギにツギハギを重ねて作ったようなシステム、レスポンスの遅さ、入り組んだ設計。目的のページに行く事すら難しいのです。しかも専用ソフトなしでは学外から使えないのだから、定着する素地は全くありません。

3　ミーティング

学生支援GPは課外活動であり、各グループは自主的に集まる。申請書段階では、二週間に一度（九〇分～一二〇分ほど、授業で言えば一コマ分）、授業のない時間帯（夕方もしくは土日）にメンバー全員が顔を合わせて、プロジェクトを足がかりにして、自らの企画を練る。時には、実際に地域活動に出向く。また、地域活動から戻ってきたら、活動の振り返りを行う。ミーティングの場は、お互いの能力を高め合う機会になる。

赴任したてで、学生支援GPの運営体制が万全だと思いこんでいたころの私は、日頃の活動の仕組みはそう無理のないものだと思っていた。しかし、本当に厄介だったのは、平日の夕方以降、土日という時間に、仕組みも具体案もわからない「グループなるもの」に関わらなければならないという担当教職員からの不満の声を鎮めることだった。結局、私が沈んだ。

企画と現実は大きく違った。学部・学科の異なる学生、全員の都合を合わせることは非常に難しい。アルバイト、部活・サークル、授業の予習・復習等々の理由で都合が悪いということで不参加となる。地域活動は土日に行うことになったが、ミーティングは、参加メンバーにとって最も融通のきく時間(平日の一二時～一三時)に行われるようになった。学生にとっては授業の空き時間になるし、教員も授業準備が忙しくなければ参加可能である。職員にとっては貴重な昼食と休憩の時間であるが、業務時間よりも自由度は高い。

私は学生支援部門の居場所でミーティングを行う様子を観察していた。学生は、昼食を持参し、食べながら、ミーティングを行う。教職員で食べながら、という人は少ない。開始時刻直前に大勢集まってくる。ルーズ感が漂う中、徐々に話が進んでいく。そのグループにリーダー格の学生がいれば、テキパキと進行するが、そういう学生がいない場合、進行がおぼつかない。学生が沈黙し、しばらくすると教職員がサポートに入って流れが変わる。教職員の多くが我慢しつつも、見守り役に徹している。学生が主役の取組だからだ。こちらとしては、教職員が気になることはどんどん指示し、学生を引っ張って欲しいと伝えている。しかし、ゼミの指導学生でもなく、まだまだ馴染みの学生でもないということで言いづらいようだ。気持ちはわかる。結局のところ、運営は担当教職員の性格(温和か、せっかちか、几帳面か、従順か)に依存する。専門や仕事以外で、若い学生とどのように接するか、教職員が持つ力量に委ねられている。

ミーティングを見ていれば、各グループの個性がよくわかる。とくに学生支援GP始動直後は制約がなく、好きなように活動してもらった。しかし、この自由さがかえって、グループが何をしたらよいのか迷わせ、活動を停滞化させてしまったのである。

つぶやき…

学生支援プログラムにおいてミーティングは重要です。プロジェクトという大枠は決まっているものの、ミーティングは、グループの目的を決めて目的実現のための方略を議論する重要なプロセスです。ここでは、ファシリテーターとしての教職員の力量が問われる場面であり、ＦＤ・ＳＤを通して教職員のスキルアップを図ることも必要であったと思います。学生支援プログラムを全学的な活動とするためには、全学部の学生が参加できる学生支援タイムのようなコマの確保が必要だと思います。

学生支援ＧＰでは、個人の主体性が活動の根拠になっています。したがってミーティングに来させるような「強制力」はないのです。だから学生間でも、必要なのに無理にミーティングには呼べない現状がありました。

4　地域活動

学生支援ＧＰの売りの一つが、様々な地域に足を運べることであった。平成一九（二〇〇七）年の発足当時に用意されていたプロジェクトに、普段ではなかなか行けないような県内の地名が並ぶ（佐渡、長岡、出雲崎、大学の脳科学研究所）。果ては、海外の中国、韓国のプロジェクトもあった（実際に平成二一［二〇〇九］年に韓国に行っている[2]）。

大学から移動する交通費は学生支援ＧＰの経費から支出することになり、参加メンバーは、各自の食事代だけの負担で済む。格安で、地域に行けるのだから、条件の良いプログラムであると、私も思う。

条件が良いゆえ、これは単なる「遠足」になってしまうとの懸念があった。だからこそ、ミーティングで目的を話し合い、現地で資料収集をし、大学で戻ってから報告をし、活動内容を振り返る。ポートフォリオは、ここで役に立つことになる（はずだった）。大学生なのだから、支出に見合った、それ相応の成果が期待される。物見遊山で終わってしまえば、学生支援ＧＰの目的を果たすことはできない。

　現実的に、地域に行くというプログラムはプラスに機能した。地域活動が目標となれば、学内でミーティングをする意味が出てくる。事前にミーティングで話し合ったことと、地域での見聞により、理解が深まり、新たな課題や企画が発生してくることにもつながる。地域活動を軸とした好循環がみられた。私も何回か、いくつかの実際の地域活動に同行したが、それぞれの地域の名所だけでなく、現地で生活される人々の考え、生き様に触れることは座学では得ることのできない貴重な体験となった。

　しかし、地域活動の効能も時とともに薄れる。一回の活動の「賞味期限」は長くて二カ月だろう。その間に、「次の一手」がないと、「何をすればよいのかわからないミーティング」に陥ってしまう。学生たちの活動サイクルは遅い。1—2週間に一度のミーティング、しかも昼食を取りながらの一時間足らずでは、決まることもそう多くない。地域活動の感動を報告する時間もたいしてなく、ポートフォリオなど作成せず（それを見る教職員もいない）、誰かが「次の一手」を出すのを期待して、静かなミーティングに戻ってしまう。

　地域活動に参加した学生の誰もが「遠足」気分で終わってはいないはずだ。個々に目的があり、思うことがあったはずだ。それをミーティングの場で集約できず、次に活かしきれていない、傍から見ていて残念に思っていた。グループ内での目的共有と相互の成果共有があってこそ、地域の魅力が活かされていく。「遠足」以下の地域活動が目立った。

つぶやき…

学生は我々が予想した以上に未熟な側面があることが分かり、「遠足」以下の地域活動は想定外でした。当初は「遠足」を否定しましたが、まずは「遠足」からスタートすることを考えても良かったのかも知れません。

はじめの一歩は「遠足」が必要です。仕事とは違って、学生支援GPでは何を目標とするかも自分たちで決めなければなりません。学生は「役職」で話し合ってはいません。メンバー間の信頼関係がなければ、そのアイデアを出し合うことができないのです。

5　Xグループ

Xグループは、清野君を含めFグループにいた四名の学生が、自分たちのやりたいこと（学生支援GPを学内外に知らせる）をするために「独立」したグループである。

私は、そういう気概のある学生に会えたのが嬉しかったし、すでに教職員に対し、勝手ながら諦めの境地にあったので、学生の力は非常に頼もしく思えた。とはいえ、私の立場は任期付きの専任教員であるので、大島部門長と相談をし、窓口担当の係長の様子などをうかがい、どこまでできるのか、それなりに慎重に動いた記憶がある。

思った以上にXグループの独立はスムーズに行った。学生による広報部隊ということで、異論はどこにもなかった（ように、私からは見えた）。広報活動が学生支援GPにおいては、特殊なプロジェクトであるため、プロジェクト担当教員は大島部門長にお願いした。担当教員は、その部下の私が引き受けることにし、担当職員は、学生支援部門メンバーの係長と職員さんにお願いした。つまるところ、形式的に他のグループと同じ体裁を整えたものの、Xグループは学生支援部門お抱え学生集団でしかなかったのだ。

お抱え集団は便利である。学生支援部門からの仕事を頼みやすい。やる気があり、かつ親しい学生ができたのである。アポイントを取り、依頼の趣旨、イメージ、スケジュールを伝え、アウトプットを待てばよい。

私の場合、依頼はするが、アウトプットは学生に任せるというスタンスである。私は広報の専門家ではないし、指導できるようなことは、これといってない。任期付きの専任教員なので、学生を引っ張る威厳などない。せめて、学生たちに、やりやすい環境を整えるぐらいのことしかできない。依頼内容を正直に伝え、学生から不明点、違和があれば聞き、説明する。悩んでいることがあれば、聞いてコメントする。アウトプット提出が遅いようであれば、進捗状況をたずねる。他の担当教職員に向けて、立場的にも何度も「関わり方や役割」を説いてみたものの、自分がやってみると非常に難しい。そして、自分がいかに無力であるかもわかる。ただ、この無力さを知ることで、一緒に取り組む姿勢が出てきたという効果はある。それが学生支援ＧＰの教職員への副産物だと思う。

学生たちは、飲み込みも、スキルも高いので、教員が無力であっても十分、存在感を示してくれた。しかし、彼らのモチベーションを維持することはできなかった。ここは学生の居場所にはならなかった。請負業務では、活動に喜びを見いだせない。学生支援ＧＰが求めた成果はでなかった。その後、私は担当を離れ、他グループ同様、別の担当教職員が配属されることになった。しかし、Ｘグループが再浮上するようなことはなかった。

つぶやき…

Ｘグループが学生支援部門のお抱え広報集団となったことがグループの主体的な活動にマイナスに働いてしまった事実は、我々の大きな反省点です。

うーん…。部門からの仕事のせいで、主体性を欠いたとは思いません。部門の仕事は僕ひとりでやっていたのですから。むしろ、結果主義的な僕のグループのまとめ方に原因があるように思います。

6　学生支援部門の居場所：Ｂ４５４教室

学生支援部門の居場所[3]に朝から晩まで常駐していると、様々な学生が顔を出してくるようになった。最初は、ポットを置き、コーヒーやお茶をそろえ、自由に飲食できる場を作ってみた（大学側からは「ここは教室なので飲食は勧められない」と苦言はあったが）。お菓子なども私の自腹で、用意してみた。モノで釣る。学生がたくさん顔を出してくれたらうれしい。この餌付け作戦は新顔が増えることはなく、一部のリピーター学生の空腹が満たされる以外の何の効果もなかった。なんともつれない結果である。

学生が居場所に来るか、来ないかは、端的にただ学生支援ＧＰ活動への優先順位が高いか、低いかにかかわっている。なので、私の出費だけがかさんでいくので、餌付け作戦は行わないことにした。ミーティングへの参加以外にも、学生たち自ら、自分の授業の空き時間を見つけては、この部屋に来て、昼食を食べたり、パソコンでの調べ物をしたり（ときには無関係のインターネットや動画閲覧などをしていたようだが）、学生同士で雑談をしはじめたりするようになった。知る人ぞ知る待ち合わせ場所、暇つぶし空間として定着しつつあった。

しかし、ここは立地条件が悪いので、口々に学生は、「こんなところに部屋があるとは知りませんでした」という。居場所というより隠れスポット扱いである。目立つ看板を作りたいと申し出たこともあったが、予算の関係か何かでうやむやになり、事務補佐員さんにＰＣで作成してもらい、印刷した用紙を部屋の入口に貼っただけの簡素な佇まいである（その後、案内板が設置され、改善されるところはされた）。

私も、徐々に、常連のように顔を出してくれる学生たちと仲良くなった。名簿でしかわからなかった参加学生の顔と名前がわかっていった。常駐する私と事務補佐員さんに話しかけてくる学生もいた。一方で、パソコン作業だけ黙々としている学生もいた。

私は、ここで実務的な作業をしながら、日頃の学生たちの行動、様子などを、それとなく見ていた。赴任当初は学生の姿をほとんど見ることはなかったが、この学生支援GPが机上の空論か、現代のニーズにあっているのか、日々の観察を通じてモニタリングできた。私にとっては、独房のような個室を与えられて作業するよりも格段によい勉強の機会だ。

次第に、学生たちから自主的に居場所に出入りする際に、挨拶をするようになった。誰が発端なのかわからないが、声を掛け合う姿が見られるようになった。お互いがよいと思った部分を取り入れてくれたのだと思う。ルールのなかった居場所に、緩やかなルールが出来始めつつあった。

三〇人も入れば、満員になってしまうような小さな居場所（元来、語学や講義用の教室を改良した空間なので、所詮は居室）ではあるが、一人でも多くの学生に来てもらおうと、同室の初代事務補佐員さんと語ったものである。

つぶやき…

学生が集まる場は活気があり、学生支援部門の居場所も徐々に活気溢れるようになりました。部門を訪れる際に学生にも声をかけられるようになり、居場所を実感できました。

はじめは本当に簡素な部屋でしたね。それが今は雑多な部屋になりました。

7　シンポジウム：平成二〇（二〇〇八）年一二月

学生支援ＧＰの成果を学内外に公表することは、必須である。文部科学省の事業であり、税金を納めた国民への報告義務がある。とはいえ、何を成果とするか、どちらかといえばたいした成果などない（と今のところ私は感じてやまない）ので、企画を丸投げされた任期付きの専任教員としては、国民国家の意向と大学の保身の板挟みにあって悩んでしまう。

所詮、私の悩みなどは取るに足らないものなので、結局、学生支援ＧＰ期間中にシンポジウムと称する催しは三回行われた（平成二〇［二〇〇八］年一二月、平成二二［二〇一〇］年二月、平成二二［二〇一〇］年一二月）。二〇一〇年の二回の開催は、有志学生を実行委員組織として実施したものであり、私の関与は低い。思い出深く、また、著者三名が関与したのは、初回のシンポジウムとなる。

シンポジウムに向けて、平成二〇（二〇〇八）年の九月ぐらいから、企画と準備が始まった。私が居候生活から移動したのが同年三月で、学生支援部門の居場所ができて、半年のことである。清野君は二年生になり、六月にＸグループが始動した。各グループの活動は動き出しているものの、その成果は未だ手探り状態であった。この時期に成果を報告するのは難しいというのが私の判断である。何を基準に、活動が順調なのか、停滞なのか、判断しかねていた。しかし、上司は指令を次々出してくる。私のこの判断は、なかったことにされる。

限られた時間の中で、学生支援部門内で議論をし、このシンポジウムは、学生支援ＧＰ発足二年目の中間報告という位置付けになった。前半にご専門の先生から学生支援の重要性について講演してもらい、大島先生による部門の取組、その後、いくつかの事例紹介（ここで日頃の居場所での観察の成果からか、清野君他、馴染みの学生に声をかけて報告をお願いした）、休憩後にパネルディスカッションとして、協力いただいている学内外の五名の皆様に登壇いただいた。最後に、講評と挨拶である。司会は、立場的に私が担当した。

土曜日の午後から夕方にかけての開催だった。密度の濃い内容で、飽きのこないものだったと自負するが、詰め込み過ぎた感じはした。学生支援GPの中間報告であり、実践報告ではなく、大島部門長の思いがかなり盛り込まれた催しだった。私的な感想としては、短い期間にもかかわらず滞りなく、学生支援GPの現状報告をできたのではないかと思う。多くの来場者には期待を込めていただける内容は提供したつもりだ。回収した参加者アンケートからも期待の声をずいぶんといただいた。

このシンポジウムは、学生支援部門主導であったため、報告した学生にとっては自由度のないフラストレーションのたまるものとなってしまった。清野君には嫌な思いをさせてしまったのかもしれない。シンポジウム運営の舞台裏まで見せてしまったのだから。


つぶやき…

学生支援GPの成果を公表することは部門の大きなミッションです。シンポジウムを企画することは学生支援プログラムを評価する良い機会にもなるので、GP二年目のシンポジウム開催に踏み切りました。部門で仕切ったために、成果をアピールするような内容になってしまったことは否定出来ません。

僕は「こういうことで葛藤している」という現実を伝える方が、学生の能力を示せると考えていました。実際には「こんな楽しいことがあった。こんな利点がある」という売り文句の方を求められたわけですが。ずいぶん古い手法が残っているんだなあ、と感じたことを記憶しています。

8　ＦＤ・ＳＤ

学内教職員の学生支援ＧＰへの理解と、相互に協力的になってもらうための勉強会、ワークショップ、実践報告などの場として、ＦＤ・ＳＤ（Faculty Development / Staff Development）の企画がある。本来のＦＤ・ＳＤの定義とは異なるかもしれないが、私の学生支援ＧＰに対するＦＤ・ＳＤの理解である。当初の申請書には必ず実施すると記載があった。毎年度、学生支援部門が企画することになっている。ということは、私の業務である。

ＦＤ・ＳＤの重要性は十分感じている。大学を活性化させるには、外部から新しい戦力として補強をするか、内部の現有戦力のレベルアップを図るかしかない。外部からの戦力補強については、私のように任期付きで間違って入ってきてしまうケースがあるので、ギャンブル要素がある。むしろ、学内に長年居る教職員の方が、そもそも大学への愛着、忠誠も強いであろうし、危機感を共有して課題に対応することは、自らの待遇改善にもつながる（はずだ）。やはり、ＦＤ・ＳＤは大いに実施すべきである。

しかし、崇高な理念があっても、実施する段になると、困難に直面する。誰に、何を、どう伝えていくか。ＦＤ・ＳＤのプログラム作成もまた、ひとつの専門技術である。大学には高等教育研究の分野でも専門家が多くいる。それにもかかわらず、任期付きの専任教員に企画を丸投げしていることが組織的大問題だと私は声を小にして唱える。当然、相手にされない。大学組織を熟知しなければ、成功するわけがない。そういう相談役（ブレーン）を紹介してくれる配慮がどこかであれば、まだ頑張ろうと思うのだが、ない。なので、自前でどうにかするほかない。

学生支援ＧＰ期間中に実施したＦＤ・ＳＤは三回だった。グループ活動が発足して間もなくの平成二〇（二〇〇八）年二月に越後湯沢で研修合宿をしたのが一回目。これは各グループ担当教職員から初回のミーティング・地域活動の感触を報告してもらった。今にして思えば、最も効果的な催しだった。平成二〇（二〇〇八年）年一一月に滋賀県立大学の先生をお招きしての講演会が二回目。滋賀県立大学の学生支援の取組は先駆的で、こちらの参考になるもので、企画自体は良かった。しかし、告知したにも関わらず出席者が少なかった。平成二一（二〇〇九）年一二月にグループ担当教職員を集めて、アンケートを実施し、日頃の悩みを全体で聞いたのが三回目。これはほとんど形式的にすぎなかった。他にも、小さな催しを実施した記憶もあるが、さすがにＦＤ・ＳＤと呼べるものとすら言えないものなので、なかったといっても誰も何も問題にしないだろう。

ＦＤ・ＳＤの実施により、グループの担当教職員のスキルが格段に上昇したという効果はない。間接的に再考する機会を提供できたのかと言われれば、それぐらいはあったのかもしれない。残念ながら、スキルアップしてほしい教職員には届かない遠吠えでしかなかった。

つぶやき…

越後湯沢での合宿研修には、総合学習・ポートフォリオ研究を専門にする著名な先生（評価委員会委員の一人）や同志社大学の学生支援を実施している担当者（職員）にも参加頂きました。担当教職員による各グループの活動報告は新鮮で、今後のプログラムの発展を予感させました。

申し訳ないのですが「ＦＤ・ＳＤって何？」という認識です。発足当初から無かったことにされていたものだと思っていました。

9　評価委員会

学生支援ＧＰが機能しているのかどうか。この判断をしてもらう組織が必要である。学内では信憑性に欠ける可能

性があるので、学外の、それもその道の有識者からの御墨付きをいただければなおよしである3。申請書には、学生支援部門が、評価委員会を用意し、開催することが明記されている。これまた、有無も言わさず私の業務の一部となる。

赴任当初、評価委員の先生をどなたにお願いするかは決まっていなかった。何も始まっていないので、当然である。リストアップも丸投げである。とはいえ、専門分野が多方面にわたるほうがよいので、何名かの協力教員の先生のお力をいただく。

六名の委員の先生の候補が決まり、それぞれお願いした。そこは関係者のツテを頼り、大学からの依頼とした。評価委員のメンバーの構成は「総合学習分野、高等教育分野、初年次教育分野、国際教育、産業界、地元の高校教育関係者」の第一人者の先生方である。

評価委員会は、毎年度実施した（合計四回）。年度末のお忙しいときに、来学いただいた。学生支援部門より、その年度の取組を報告し、次年度の実施内容を説明した。随時、質疑応答がなされる。また、実際に学生支援GPに参加している教職員・学生の何名かにヒアリングしてもらった。その後、こちらが用意した評価シートに直接、評価結果と自由記述をしてもらい、評価委員会全体での講評をお聞きするというものであった。たった数時間で、一年間の取組をご理解いただき、指針をいただく。遠路からの長旅でお疲れにもかかわらず、評価委員会の先生方の真摯な姿勢に感謝したい。

評価委員の先生あてには、事前に取組概要を資料として郵送しておく。私にはその準備がある。また、当日の報告資料も準備しておく。印刷についても、人数分用意しておかねばならない。質疑についても、きちんと部門長をサポートできるようにしなければならない。そもそも評価委員会に六名全員の先生が来られるのか、ご都合を聞き、当日の出欠、評価委員会後の懇親会の出欠も担当する。当日のヒアリングに参加できそうな教職員・学生のリストアップと交渉も同時期に担当する。裏方作業というのは、実務者として当然のことであるが、私には慣れないことばかりで、他の人より余計に時間がかかった。裏方作業をしつつ、評価委員会にも主要面子として参加しているが、ほとんどメモをとるばかりで、その場でどういうやり取りをしたのか記憶に残っていない。

当日欠席された委員の先生からは、後日、評価シートを送っていただき、全員の評価をとりまとめる。これが学生支援ＧＰの通知表であり、私の日頃の業務内容が評価に反映される。だからといって、これが私の業務改善やインセンティブにはならない。任期付きなのだから、雇用期間しっかり働けばよい。サボっていれば、注意すればよい。アメとムチはない。むしろ、針のムシロという拷問生活を私一人が勝手ながら感じていただけだった。

つぶやき…

評価委員会開催に伴う裏方業務は非常にタフな作業です。本当にご苦労様でした。評価委員会の先生方からは極めて建設的な重要な提言を頂き、この本の執筆にも大いに活用させて頂きました。

評価しても、フィードバックがありませんでしたね。

10　他大学視察

平成一九（二〇〇七）年度に文部科学省に採択された学生支援ＧＰは短大・高専も合わせると七〇校ある。短大・高専は二年度で、四年制大学は四年度、財政的支援がある。この財政的支援のおかげで、私は雇用されている。文部科学省（というよりも、税金を納める国民の皆様）には頭が上がらない。この学生支援ＧＰは平成二〇（二〇〇八）年度も実施されたが、その後、学生支援ＧＰ単独としての事業公募は停止されている。

学生支援ＧＰは、文部科学省の一連のＧＰ（Good Practice）事業の一環である。年に一度、合同ＧＰ報告会なるものが開催され、平成二〇（二〇〇八）年二月と、平成二三（二〇一一）年一月に、本取組についてもポスターセッションがあるということで、私も立場上、ポスターブースに常駐し、来場者および他大学の取組関係者へ説明や意見交換をおこなった。

どの大学も取組説明に対し、真剣である。学外に公表するだけあって、準備に余念がない。こういうのもきちんと戦略を立てて備えていることに感心する。こちらは私が業務の合間を縫って仕上げたポスターとすでに作成したパンフレットや報告書を持参するのみ。任期付きの専任教員は広報と営業スマイルを備えておく必要を改めて知る。

日頃、明日の業務のことで先の見えない状況にいるがゆえに、こういう学外の空気に触れることが、自分の視野を平常に戻すよい機会となる。時に知的な刺激を受ける。似たような任期付き教員を見つけると、親近感と同情が湧く。学生支援GPで人生が変わった人が、私の他にもいるのだろうと思うと目頭が熱くなる（というのはウソである）。

こういう意見交換以外にも、私から飛び込み営業（他大のホームページを見て、メールを出す）で、資料請求をしたり、実際に現地調査やヒアリングをさせていただいたりする機会があった。日頃の業務を事務補佐員さんに任せるのは気が引けたのだが、たまに他の大学を見てみるのは気分転換になり、大学の風土、取り巻く地域環境などを活かした取組を感じさせる。申請者の長年の実践経験と教職員の熱意を感じる。学生支援GP絡みで訪問する旨であると自己紹介をすると、先方は忙しいながらも、快く時間を空けて、出迎えてくれる。そして、私が任期付きの専任教員で実務を担当していると伝えると、気の毒そうに扱ってくれる。先方から、様々な資料や情報、運営に関するアドバイスをいただけた。

大学に戻ると現実が待っている。未読メールと積み残した日常業務が私を迎えてくれる。その合間を縫って興奮が冷めないうちに、訪問レポートを作成し、本取組に多少の改善ができればと期待を込めて、学生支援部門に報告する。加えて、先方の担当者にお礼のメールを配信する。滋賀県立大学に行き、FD・SDの講演の交渉ができたのが、唯一の成果だ。

つぶやき…

他大学の取組を視察し、共通点や参考に出来る点を検証し、本学のプログラムにフィードバックすることは、極めて重要です。講演をして頂いた滋賀県立大学の先生からは、本学の取組に対するアドバイスや励ましも頂くことができました。

学生の知らないところで、浜島先生がこんなに仕事をしていたとは。本当にありがとうございます。

11　居場所に常駐することの功罪

学生支援部門の居場所は、当初、午前八時三〇分から午後七時まで開室としていた。私と事務補佐員さんが来るのが、八時三〇分だったからだ。お昼は、事務補佐員さんが一一時に三〇分間ほど休憩に入る（ほとんど休憩時間などはないのだが）。一二時からは各グループがミーティングを行う。最大一〇グループが同時に周辺教室を急きょ借りて行うということもあった。一三時には午後の授業が開始となるので、一段落する。その合間に私は昼食をとる。とにかく食べることだけに集中した。事務補佐員さんは一五時三〇分には帰る。そのあとは、急な会議や重要な集まりがない限り、私が部屋にいる。

部屋にスタッフがいなければならない理由は二つある。一つはパソコン、プリンタなど大学の備品が常設してあるため、学生だけの自由な出入りは好ましくないという事務サイドの考えである。もう一つはここが学生の居場所兼私と事務補佐員さんの仕事部屋（事務室）だからである。学生の居場所とはいえない空間だが、部屋の構造上の問題も含めて、与えられた環境がそういうものだから仕方がない[5]。

私と事務補佐員さんは、部屋にいる学生たちの話に耳は傾けても、会話に入るようなことはしない。ごく稀にではあるが、業務に関すること、学生支援部門に関すること、どうしても訂正してもらわなければならない噂話等に限り、間に入った記憶がある。それ以外は、学生たちが学生同士自由に話をしてもらう環境を用意していたつもりである。

この部屋はそもそもミーティングをする場所として用意されたものである。しかし、それだけでは味気ない。用意した機材も使用される機会が減る。ミーティング以外でも多くの学生が顔を出せるようにと、私と事務補佐員さんが話し合って、レイアウトなどを変えたりしていた。可動式の机や椅子を用意した。そして、多くの学生が顔を出す様になった。

しかしながら、この環境は果たしてよいものなのかという疑問もある。学生の行動を大人が監視している状況ともいえる。周囲を気にせず、学生同士で自由に話をしたいのではないかと思わなくもない。彼らが雑談しているところで、大人二名が事務作業に従事し、キーボードをガタガタと鳴らしている光景も、はじめて来る学生には異様に感じられる。

ここは学生と教職員の距離感が近い。近すぎる。今までの場所にはないとのことだ。だからこそ、気軽に話しかけてくれる学生もいる。鉛筆を貸してほしい、お菓子が食べたいなどの要求も聞き、判断して答える。その反面、管理を優先した中での自由しか与えられていない気もする。善し悪しはわからないが、学生はここに来てくれるようになった。

つぶやき…

学生の行動を大人が監視している状況とも捉えられますが、大人が見守っているという捉え方もあると思います。居場所に行けば、そこには部門スタッフがいるという状況は、学生に安心感を与える効果もあります。四年生が居場所に常駐して、（申請書で記載したように）ピアサポートするのも良いと思います。

学生からすれば、はじめから距離が近いのですからすぐに慣れます。もちろん仕事場としては不適切かもしれませんけれど。

12　地域活動ハンドブック

各グループが地域に行くようになって、見えてきたことは、事前準備と事後の振り返りがしっかりなされているかどうか、よくわからないということだった。

学生支援部門にある備品（デジカメ、ビデオ、ＩＣレコーダーなど）を借りに来るグループもあれば、何もしないところもあった。そもそも大勢のメンバーが移動するにあたり、交通手段の確保についても、試行錯誤の状態が続いた。システムがないのだから、こちらで作らざるを得ない。そこで、「行程表」というものを用意し、事前に提出してもらうことにした。その結果、どのグループがいつ、どこに行き、何をするのか、可視化された。

私は、学生たちへ地域活動に対し、意欲を持って、真面目に取り組んでほしいと思っている。学内でふざけていても多少は目をつぶることはできる。こういう勢い、遊びも大切だ。しかし、学内を一歩超えると、どこで誰が見ているかわからない。自覚がないかもしれないが、学生支援ＧＰ活動は大学を背負っているのだ。教職員がついているから、それは心配し過ぎなのかもしれない。しかし、教職員がいれば安心であるとは言い切れない。たとえ少数であったとしても、公人の不祥事は絶えない。私自身に備わった常識というものも、たかが知れている。

自戒を込めつつ、学生支援ＧＰとして、学生たちに向けたハンドブックを作成することになった。これが本節のタイトル『地域活動ハンドブック』である。これは申請書に書かれていることではなかったので、業務の範疇ではない。

あるとき、「地域活動の心得」として、農学部で農村調査を専門にされている先生から原稿をいただいた。学生支援GPの活動を聞いて、自主的にご協力をいただいた。これは多くの学生に読ませたいと思った。

この原稿の内容と、フィールド調査経験のある事務補佐員さんと、地域活動についてどういう準備が必要かを雑談交じりにしているうちに、事務補佐員さんが企画案をまとめ、草稿を作ってくださった。この草稿をもとに何度か校正を繰り返し、B6版で両面印刷二〇ページほどの冊子ができあがった。行程表の書き方、借用備品リスト、当日の持ち物チェックリスト、ビデオ撮影時の姿勢、メモの取り方、お礼状の書き方、振り返りミーティングのススメ、報告会の準備、フィールド調査に関わる文献リストなど、要点を盛り込んだ。

この冊子を大量印刷し、学生支援GP参加者に配布した。その後、私が入門授業を受け持つことになった際、地域実習前に学生に配布し、必ず目を通すように伝えた。学生からすれば、これがテキストになり、適宜参照している様子が見られた。

マニュアル化はときに枠の中に活動をはめ込んでしまう。とはいえ、何もないと何もできない。結果的に指針を用意できた。企画案をまとめられた事務補佐員さんに感謝したい。

つぶやき…

キャンパスの外に出て、地域活動をする学生には『地域活動ハンドブック』の様なマニュアルは必須のものであると感じました。学生にとって、経験したことのないことは、何をすれば良いのか分からないのは無理もありません。まさに、社会で人と関わる術を学生に教える良い機会となりました。

このハンドブックは、活動の大きな助けになりました。

13 贈る言葉～第一期卒業生の皆様へ～

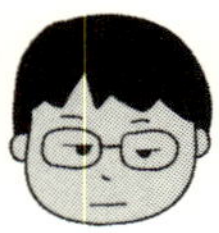

Xグループ所属の学生（清野君のことではない）から、平成二三（二〇一一）年三月に【学生支援GP参加学生卒業文集】を学生向けに作るということで原稿依頼があった。私は以下の原稿を提出した。しかし、卒業文集は完成することはなかった。ということで、今回この原稿がやっと日の目をみることになる。なお、表現は一部加筆・修正した。

本学で「学生支援ＧＰ」が企画され、実際に参加メンバーの顔合わせを行ったのが、平成一九（二〇〇七）年一二月一九日でした。どのような活動になるのか、誰もわからない中、その日のうちに、グループメンバーが決まり、グループ担当教職員との顔合わせがあり、実施プロジェクトが決まっていきました。当初のグループ参加学生は九三名だったとの記録があります。

あれから三年三カ月、当時一年生だった学生の皆さんが、卒業を迎えることとなりました。学生支援ＧＰの歩みは、皆さんと共にありました。何もないところから、グループの皆さんで話し合い、企画を立てて、実行をして、成果を振り返ってもらいました。今の学生支援ＧＰがあるのは、皆さんのおかげです。皆さんのグループ活動への試行錯誤が前例となり、その後の活動マニュアルとなっていきました。

私は、Ｂ４５４教室での皆さんの姿を拝見していました。最近の大学生は忙しいにもかかわらず、普段の授業、部活・サークル、アルバイトと両立しながら、真剣にグループ活動に参加する姿に感心していました。皆さんが楽しく部屋でお話しているときは、私の励みとなりました。楽しいことばかりではなかったのも知っています。ミーティングがうまくいかなかったり、プロジェクトと関わり方に迷ったりしているときもありましたが、それも自らの力で克服してくれました。学年が変わり、新規メンバーが加入した際には、先輩としてグループを引っ張りつつ、後輩学生への気配りが随所になされていました。皆さんの活動は、参加学生のお手本となり、今後も受け継がれていくことになります。日々たくましく成長していく皆さんの姿を見届けることができた私は、幸せ者です（グループの担当教職員の皆様には、私ばかりよい思いをしてしまい、申し訳なく思います）。

最後まで、学生支援ＧＰにご参加くださいまして、ありがとうございました。皆さんのチャレンジ精神、企画力、実行力、仲間を大切にする力は、どこにいっても重宝されます。皆さんの能力を思う存分、必要とされる場所で、発揮してください。これからの皆さんの新しい生活が、更に充実したものとなることを期待しております。

卒業しても、グループの一員であることは変わりありません。学生支援ＧＰ参加卒業第一期生として、私にとっても忘れられない記憶として残り続けます。今後は、グループＯＢ・ＯＧとして、参加在学生を暖かく見守ってください。ご卒業おめでとうございます。

つぶやき…

第一期生の学生は、自分たちの力で道を切り開くパイオニア精神を強く持っていたと思います。頼る先輩がいないという環境がかえって彼らを逞しく育てたのかも知れません。

この文章がまさしく、浜島先生が学生に見せている姿です。「自分は立場上とはいえ、君たちに損をさせてきた」という前提のもと「それでも何とか君たちの手助けをしてきた」先生です。学生のうちで「浜島先生は疲れない」とか「それほど仕事をしていない」と思っているひとがいても、おかしくないくらいです。それほど学生には、辛さを見せませんでした。すごいことです。

1　アメリカの大学では、ポートフォリオが進学・就職の材料になるようだ。

2　その後、文部科学省より海外移動経費については支出を認めないということになり、海外移動は、一回実施し、それで最後となった。

3　最初の担当係長は配布資料に「居室」と記載していて、私が「教室」の間違いではないかと、「教室」と上書き修正しても、その都度「居室」

に再修正していた。

4 報告内容によっては、その道の専門家であるがゆえに、辛いご意見を賜ることもありうるが。

5 過去にガラス張りの壁にして欲しい、扉を変えて欲しい等、改築要求を出したが、耐震工事終了直後を理由に却下されている。

第7章　学生支援GPを経て残された課題

1 振り返りの少なさ

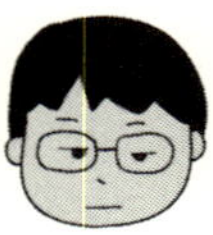

「ポートフォリオ」の節でもふれたが、学生の学生によるグループ活動の振り返りは、ほとんどなされていない。いや、学生支援ＧＰ申請書および大島部門長が想定していた振り返りは、なされていないといったほうがよいのかもしれない。

申請書では、学生が自らの活動を振り返り、それが「学びの成長」に寄与するものと考えられている。座学の講義ではなく、自ら資料を収集し、成果をレポートとして準備できる状態を想定していた。それが、非常に難易度の高いものであることは、私が従事するにつれて、よくわかった。

学生は自分自身の学びの成長には関心を示していない。少なくとも学生支援ＧＰの活動で、そこまでの力を得ることができるという期待は抱いていないようだ。ニーズはあるのかもしれないが、やり方がわからないのだ。日記を書いている学生も多くはなさそうだ。メールの文章を見ても、短文で、用件のみである。Twitterが流行るのもわかる。振り返るためにも、多くの情報がなくてはならない。情報をため込むファイルが存在しても、そこが空であれば、振り返ることができない。そういうときは、学生は自分自身の記憶を頼りにしているようだ。若い時はできるが、歳をとると頭のＨＤＤ（ハードディスクドライブ）は確実に劣化する。

振り返ることが意味のあるものだとしても、当事者が動かない限り、こちらも何もできない。記録を付けなさい、ファイルＢＯＸに放り込みなさい、そこから振り返ってみなさい、ということはできる。しかし、そのメリットについて、こちらの説明不足なのか、理解してもらえないのか、やらない。おそらく、面倒なのだろう。記録を付けるメリットがなければ、そこに労力は払いたくない。授業であれば、成績に加味することができるので強制力を働かせることができるが、自主的な課外活動には不向きである。最終的な到達点（成長）を報告する機会も予定されているわけでもない（参加時にも説明していないし、もしも行えば参加者の数は減っただろう）ので、やはり行わない。

唯一、記録らしい記録といえば、グループとしての活動記録の掲載である。学生たちはグループのためであれば、責任を感じ取り、ミーティング時の内容を簡単に記録として残す。そして、メンバー共有のメーリングリストへ配信し、次回のミーティング予定と内容を付すことになる。データベース化はされないが、その都度、ミーティングで何をしたかの共有はなされている。これをシンポジウムやグループ活動報告書の資料として利用している。

「キャンパスブログ」は個人の成長を目的に設計した。しかし、使用されず、メールを中心としたグループとしての記録を残すことでしか、振り返りがなされていないのが実情である。

つぶやき…

学生に振り返りをさせるためには強制力が必要でした。参加者全員が学生支援ＧＰに参加して良かった点、成長した点等を振り返ってＡ４用紙一枚にまとめることが出来たら、学生支援ＧＰの効果を知ることが出来たでしょう。実際、学生二人に歯学部の広報誌への寄稿を依頼し、学生支援ＧＰに参加した感想を文章にしてもらいましたが、それは学生支援ＧＰの意義を感じられる内容でした。

実を言うと僕は、振り返りには反対でした（必要性は分かっていたのですが）。振り返りとは文字通り、後ろを見返す行為です。前進している人が、いちいち立ち止まって後ろを見るものでしょうか？

2　学生へ与えてしまった違和

学生支援GPの業務は、一部例外もあるが、ほぼ私の業務である。しかし、学生支援部門は、私だけがメンバーではない。役割分担をきちんとしていないがゆえ、組織と個人の見解を分けることができなかった。

それが、グループ参加学生から、「学生支援部門なるもの」への不信感を募らせてしまった。学生は困ったことがあると、私か、事務補佐員さんに相談してきた。最近でこそ、依頼をすぐに聞かずに、一旦、学生支援部門に持ち帰って検討して、返事をするという「先送り（良い意味で）」のスキルを覚えたが、当初は、すぐに返答してしまい、後に学生支援部門内で報告すると、反対意見が出て、変更を余儀なくされるということが多々あった（それも私にとっては相当なストレスだった）。

変更を余儀なくされる場合、立場上、私から学生に伝えることになっていた。大概、「学生支援部門としては、認めることができない」主旨のことを言うのだが、私は認めたのにもかかわらず、学生支援部門は認めないということに、学生は不思議な顔をする。学生支援部門（組織）と私（個人）の関係が見えてこない構造になっている。彼らにうまく説明する言葉を持たない、私が悪いのだが。

学生が知る「学生支援部門」は私と事務補佐員さん、そして要所で顔を出す大島部門長ぐらいである。その他のメンバー（特に、窓口の事務係）のことは、存在こそ知るものの、誰が何をしているのか、わからない。普段見えない存在であるからこそ、学生たちからすれば、自分たちの要求を却下する存在（＝悪役）になってしまう。私としては、誰かを悪役キャラクターにする意図など毛頭ないのだが、そういう受け取られ方をしても仕方のない説明をしてしまったのは事実である。

学生支援部門の中に善と悪の二元構造を用意してしまったのは、私の責任である。善悪は存在しない。学生が、そして大学がより良くなるために、この学生支援ＧＰが実施されている。私が組織を知らず、事前の相談もなく、学生の要望を前向きに受入れ過ぎていたところは反省しなければならない。その結果として、学生から肯定的な評価を受け、代わりに別のスタッフの評価を下げてしまったとしたら、それはその人のキャリアにまで響くことにもなりかねなかった。幸い、そのような事態にはなっていない（と自分で自分を信じたいところである）。

学生支援ＧＰである以上、学生の主張を聞きいれ、可能な限り、優先すべきだとは今でも思うが、私も組織人として、開示する情報／守るべき情報について考慮すべきだった。学部に所属しない任期付きの教員と学生と取るべき距離感について、最後まで苦悩は続いた。

つぶやき…

学生支援部門が専任の教員・事務補佐員と併任の部門長・事務職員という寄り合い所帯だったことが、結果として二重構造を作ってしまったのでしょう。組織としては、事務職員がプログラムマネージャーとして学生支援部門の中心にいることが望ましいと思い、その方向に事務組織を動かそうとしましたが、何も変えられず、私は無力でした。

僕は、浜島先生の後ろに、より強大な組織があるんだと思い込んで、色々な矛盾を納得してきました。あながち、間違ってなかったようですが…。

3　新規参加学生、途中で辞める学生

学生支援部門の居場所には、多くの学生が来るようになった。毎年四月になると、グループ参加の常連学生だけでなく、新入生が直接、問い合わせに来るようになった。また、一年次の段階では、参加に迷っていた学生が、二年次になり、参加してみたいという話もあった。

学生支援ＧＰは平成一九（二〇〇七）年に一年生だった学生に声をかけてスタートしている。二年生以上も歓迎しているが、初年度の一〇グループは、一名を除いて一年生で始動した。翌年度から、新入生に声をかける。入学式でも説明を簡単にしてもらう。当日の配布資料に紹介チラシも同封した。各学部で行われる新入生向けガイダンスでも、授業の履修の仕方と合わせて、学生支援ＧＰ参加募集もお願いした。とはいえ、たかだか数分の時間でのお願いである。しかも、入学時に、大量の情報が投下されている状況の中での紹介である。

余程、興味がない限り、ガイダンスでの説明など印象に残らない。そこで、時期を遅らせて、平成二〇（二〇〇八）年は一年次生全員にメール送信をして、参加を呼び掛けてみたりした。

地道な広報の結果、細々とであれ、学生が来るようになった。学生支援部門の居場所には相談カウンターがあるので、そこで直接いろいろと話をしてみる。配付したチラシやパンフレットを持参し、「〇〇がやりたい」という学生、新しい友人が欲しいと来る学生、友達の付添でとりあえず来てみたという学生、さまざまである。とにかく、私としてはどういう期待、要望があるのか、聞いてみる。その後、ニーズを満たせるかどうか、返答することにしている。

居場所に話をしてくれそうな常連学生がいれば、少し説明してもらうように頼んでみる。忙しくなければ、快く応じてくれる。上級生からすれば、一名でも新入生に入ってもらいたいと思ってくれている。新メンバーは活動継続のためにも必要不可欠だ。そこは、部活・サークルのメンバー募集と似ている。その場で、参加申込となれば、参加者

向けの説明会の日時を説明し、待ってもらう。メールでの問い合わせも多い。可能ならば、事前に顔を出すように伝えるが、参加希望という場合は説明会の日時を説明し、当日を待つ。

参加希望学生については、学生も前向きなので、私も気が楽だ。反対に、参加したものの馴染めなかった、辞退したいという学生の対応は、気が滅入る。発足当初は特に学生の出入りにルールはなかった。そもそも新しい場所の提供をしているので、辞退者が生じることは想定外でもあった。しかし、様々な学生がいる。私はカウンセリングやトラブル解決の専門家ではないが、事情を聞き、辞退の意向を了承した。「期待に応えられずにごめんなさい」と詫びるだけである。

つぶやき…

学生支援ＧＰに参加する学生は、何かを期待して参加する訳ですが、結果として途中で辞める学生が出ました。プログラムそのものに問題があったのかも知れませんし、過剰な期待をもって参加した学生にとっては、期待と現実のギャップに失望したのかも知れません。参加する学生には、学生支援ＧＰの期待される成果と学生が果たすべき要件を明示すべきであったのでしょう。

旭町キャンパスにいると、ミーティングには参加できませんし、それが続けば話題に加わることすら困難になります。週末の地域活動だけに参加するのは忍びないと考える学生は多くいました。

4 誰が何を楽しんだのか

学生支援GPで任期付きで雇われていた期間は、今までで経験したことがないほどのドラマの連続であった。朝起きれば、その日にやるべき仕事がある。深夜になれば、明日はどの仕事から始めようかと考えながら記憶をなくす。夢でも仕事をしているときもある。そして朝が来る。

その結果、さまざまなスキルが身に着いた。メールの送受信、電話の応対、対面接客、組織内での序列、お礼状の書き方、アポイント取り、名刺交換、会議資料の作り方、配信のルール、偉い先生方へのお願いの方法等々。年をとってからの社会人マナーの実践は、自分の不勉強を思い知らされる機会になった。経験しないよりも、経験した方が良いことばかりだと思う。一生の中のわずかの機会で済めばいいが、もしもこれがずっと続くのであれば、私は勘弁願いたい。やれないことはないが、いつまで経っても重荷であることは変わらない。これを「向いていない」という。

大島部門長は、すべてをポジティブにとらえる人だ。困難な場面があっても、自分への試練と受けとめ、このこと自体を、楽しみながら、愚痴も言わずに迅速にこなしていく。自分のことが大好きであり、自信に充ち溢れている「太陽」なような先生だ。学生である清野君からも慕われ、将来のロールモデルになるのも、よくわかる。尊敬できる人物だ。

一方の私は、日光と縁がない「地底人」に近いコウモリなので、物事を慎重に考える癖がある。仕事が楽しければそれに越したことはない。しかし、そういうものばかりでもない。別の理由（たとえば、生活のため、誰かのため、社会で必要とされる役割と責任を果たすため etc.）でやらなければいけないときがある。自分の中で、合理化できるのであれば、優先順位はともかく、遂行しようと努力はする。目の前にある仕事に立ち向かう他ないのだ。

申し上げにくいことではあるが、学生支援GPの業務が楽しいかと問われれば、「楽しくはない」と回答する。もちろん、楽しく関わったこともあったし、学内教職員の中で意欲的な方との関わりにはモチベーションがあがったし、地域でグループの受け入れを快諾し、高い期待には嬉しくなったりしたものだ。何よりも学生が積極的に関わり、学生支援GPの理念に描かれたように成長を実感できたのは、自分のやっていることが報われた気になる。だが、それを消し去ってくれるがごとく、労働とは苦役の連続であるとの思いが、ここまでかというほど経験してしまった。他の人にとって苦役かどうかはわからないので、やはりミスマッチとしか言いようがない。朱鷺を見ることなく、黒い鷺に会ったようなものだ（お先真っ暗である）。

誰かに自分が必要とされ、そのことに適切に応えることが、仕事を通じて得る喜びである。この割合が苦労よりも少しでも上回っていたら、私も「太陽」側にいたはずだ。

つぶやき…

学生支援GPに参加した学生の人間的な成長を実感できる喜びと、自らがプログラムの実践に必要な人材であると周りから認められることが、仕事の達成感を感じられ瞬間であるのは、誰にとっても同じでしょう。

僕は、アイデアを思いついたときが一番楽しいですね。それを他人に説明したり、文章やイラストにすることにはあまり興味がありません。その作業は仕事みたいなものです。

5 「学生のため」は誰のためか：誰でもない「みんな」のための学生支援GP

学生支援GPは、誰のために実施されたのだろうか。名目的には「学生のため」である。大島部門長は必ずそう言うだろう。しかし、二つ返事で大島部門長に同意できないのが任期付きの専任教員を経験した私の立場である。この問いをあれこれ考え、まとめてみたい。

事業を促したのは文部科学省なので、役所（役人）のためだという説。税金を納めているのだから、国民国家のためという説。大学が採用されたのだから、ここの大学のためという説。統括を任されているのは全学教育（現、教育・学生支援）機構長なので、大学執行部のためという説。事業費の支出は予算管理者に任されたのだから、事務方のためという説。事業費のうち、多くを占めているのは専任教員の給与なのだから、私（浜島）のためという説。専任教員をはじめとして、部門の責任としてやっているのだから、部門長のためという説。すべて○ではないかもしれないが、×でもなく、△くらいの点数はいただけるのではないか。

責任が与えられ、そのための行為が評価を受ける対象にある場合、利害関係者となる。それでは、「学生のため」という説を主張した場合、学生たちが恩恵を受けるのは事実だが、一体どのような評価を受けているとみることができるのか。

ここの大学の学生支援GPを見渡すと、学生たちへの機会提供という面ではプラスの効果があったといえる。今までになかった試みを実施したのは事実だ。一方、どのようなマイナスの効果があるといえるのか。たとえば、参加を希望した者としなかった者とでは、どのような格差がみられたのか。参加した者の中でも、熱心に参加した者と適度に参加した者と名目的な参加者、果ては途中で辞めた者との間にどのような格差がみられたのか。

実のところ、これは答えてはいけない問題なのだ。学生のためと銘打っていながら、プログラムは学生を利害関係者に据えてはいない。多くの学生の参加を促しつつも、不参加学生に不利益を与えない仕組みを維持した（これはこれで公正な考え方として承認されるべきだが）。同様に、継続学生と辞退学生への格差もあえて問題にしなかった。確かに私も、学生が継続することが望ましいと同意し、そのために辞退理由を調べたりもした。しかしながら、継続している学生のみが得られるメリット（報酬）が何たるか、明示していない。

「明示できない」のではない。「明示していない」ことがプログラムを運営する上でのメリットだと、「みんな」のことを思って「みんな」が選択したのだ。「みんな」とは誰か。この場合の「みんな」とは各々の立場が自らの利害関係を主張するときの架空の存在である。「学生のため」も、同じ意味合いを含んでいる言葉だと私は確信している。

「みんな」のための学生支援ＧＰは、誰のためでもないことを承知で進んでいったのだ。

つぶやき…

大学構成員が「学生支援ＧＰは学生のため」というバリュー（価値観・意義）を共有できたなら、自ずと方略も方向性も決まるはずです。しかしながら、人間社会は、本質を貫く人、本質を理解しながら体制に流される人、本音と建て前を使い分ける人、本質を見ようとしない人など多様な価値観をもつ人たちの集まりだから厄介なのです。

まさに「みんな」のためですね。ここでいう「みんな」とは、会議に参加する人たちや、そこに関わっている人たちのことでしょう。結局、声の大きい人、声の大きい部署が優先されてしまう。学生の声は誰にも届きません。そして今や、学生の声が届いてもどうにもできないほど、大学組織は弱体化しているのでしょうね。

第3部　参加者から見た学生支援（清野雄多）

プロフィール

僕にはキャリアや肩書きというものはないので、現在に至るまでの短い略歴を書く。

昭和六一（一九八六）年、山形県に生まれ、小・中学校時代を過ごした。高校は私立函館ラ・サール高等学校へ進学し、平成一九（二〇〇七）年度に新潟大学歯学部歯学科へ入学。そして、その年の一二月に学生支援GPに参加した。

それから四年間、つまり文部科学省からの予算がおりていた期間中、学生支援GPの活動を続けた。それから、この文章を書き始めるまで一年が経ち、僕は六年生になった。そして現在、大島先生、浜島先生たちと共に学生支援GPの振り返りを行なっている。これで僕の自己紹介は終わりだ。

しかし、これだけでは簡潔過ぎるので、なぜ、ただの学生である僕が、二人の先生と共に振り返りを行うに至ったかについて説明したい。

それは、僕が学生支援GPでの活動中、新しいグループを立ち上げたことに起因している。というのも、このグループは学生支援GPの広報活動を目的としたもので、他のグループと比べると、学生支援部門との結び付きが強かった。つまり僕は所属したグループの性質上、他の学生より教職員と接触する機会が多かったのだ。

そして、このグループ設立の意思を初めて伝えたのが、浜島先生だった。先生には、グループの立ち上げから運営まで、ずっと見守っていただいた。

そしてその頃、学生支援GPを統括していらしたのが、大島先生だった。大島先生には、広報活動を意義あるものとして認めていただき、ことあるごとに心強い協力を受けた。

これが、僕が二人の先生と振り返りを行なっている理由だ。

思えば、活動期間中も人には恵まれていた。振り返って分かったが、僕たちの学年には良い相互作用があった。それぞれが好奇心を持っていて、他人を巻き込むことや、巻き込まれることを楽しんでいた。

それは恐らく、僕たちの学年が学生支援GPの初年度で、試行錯誤の段階だったせいだろう。各グループの活動も始まったばかりで、グループ間の境界線が定まっていなかった。そのせいか、何となく気の合う人たちが結び付き、それがさらに周囲の人たちを巻き込んでいくようなことが多かった。

そして結論から言えば、僕個人の学生支援GPは、グループの解散という形で幕を閉じた。グループの解散は避けられないものだったが、グループを継続できなかった原因は一体何だったのか。僕にはそれがずっと引っかかっていた。

僕は精一杯活動をしてきたし、楽しみよりも遥かに我慢が多かった。実際、この振り返りの初稿は読んでいて息が詰まるほどだった。文章から滲み出る怒りや困惑、諦観が文章全体に通底し、振り返りに本来あるべき、建設的な意見が備わっていなかった。行き場のない感情を抑制しようとした結果、余計に暗い感情が溢れてしまった。そんな文章だった。

けれど、それを解決したのは、逆説的だが文章を書くことだった。文章を組み換え、削り、付け足し、あるいは土台ごと捨て去って、何度も頭から書き直した。これを繰り返していくうちに、文章も感情も落ち着くべきところに落ち着いたように感じる。

なお、僕の文章は基本的に「こんなことがあって、こんな風に思った」という感想に過ぎない。単なる体験談ではあるが、大島先生や浜島先生の文章と組み合わせることで、当時の学生支援ＧＰの活動が立体的に浮かび上がってくるはずだ。

ひとりの学生が、どう学生支援ＧＰに取り組んできたか、それを感じていただければ幸いである。

第8章　全力疾走の期間

1　学生支援GPへの参加
2　浜島先生との出会い
3　グループ新設に向けて
4　事務の壁、大島先生との出会い
5　新グループでの仕事
6　共有できない価値観
7　大学のPRビデオ制作
8　不自由な創作
9　やっと一段落つけそうだ

1　学生支援ＧＰへの参加

僕の大学では、一年次に教養科目を履修する。学生支援ＧＰの説明を受けたのも、物理学の講義が終わったあとだった。

講義が終わり、僕は一息ついて背伸びをしていた。これで今日の講義は終わりだ。冬休みも近く、講義も数えるほどしか残っていない。クラスメイトも似たような状況でみんな冬休みが待ち遠しいように見えた。

するとそこへ歯学部の先生たちがやってきた。「ちょっと残って。一五分くらいで終わるから」と言い、手早くパンフレットを配り始めた。教養棟に歯学部の先生がやってくることは滅多にない。帰り支度をしていたクラスメイトたちも「何だろう」という顔をしながら、席につき直した。そこで僕たちは学生支援ＧＰの説明を受けた。これが僕と学生支援ＧＰの出会いだ。

説明の内容はとても簡単なものだった。他学部の学生と一緒に学外で活動することと、その活動内容も好きに決めて良いこと。この二点が主な内容だった。配られたパンフレットには「コミュニケーション能力を育てる」「人間性を豊かに」という文言が大きく書いてあり、背景には楽しそうに笑っている学生が何人か並んでいた。書かれた文言を嘘だとは思わないが、そのストレートな表現がかえって胡散臭かったのを覚えている。

その頃の僕は、学生生活にすっかり飽きていて、次の年から始まる専門課程に期待することで毎日をやり過ごしていた。学生である楽しみを感じられなかったし、大学が自分に何を与えるのかも分からなかった。要するに退屈していたのだ。失望していたと言っても良い。

そういう状況だったので、僕は学生支援ＧＰに参加を申し込んだ。何となく大学に通うよりも、何か新しいことに挑戦してみようと思ったのだ。

その後、何の音沙汰もないまま、冬休みに入った。そして冬休み明けに、あるグループに割り振られた旨が、メールで届いた。それからすぐに参加学生への説明会があり、その次の週には、各グループごとのミーティングが開かれた。

初めてのミーティングは最悪だった。誰も口を開かず、何を話すべきかも分からない。複数いる教員は固まって座り、難しそうな顔をして腕を組んでいる。その後ろに事務職員が疲れた様子で下を向き、座っている。眉間には深い皺が刻まれ、苛立ちを抑えているようにも見えた。

僕がミーティングの部屋に入ったとき、教職員の対面に五、六人の学生が気まずそうに座っていた。一体何の集まりだ、と僕は思った。文字通り、空気が重く感じられ、ミーティング終了後には学生支援ＧＰに参加したことを後悔した。

その後も、何度がミーティングを重ねたが、僕は結局そのグループの活動に興味を持てず、重たい空気にも耐え切れなくなった。その結果として、僕は新しいグループを作った。活動のテーマを広報と決め、学生支援ＧＰを広める役割を担った。

僕の立ち上げたグループは、小さな浮き沈みはあったものの、概して言えば、放物線のような隆盛を辿った。成長があり、ピークを過ぎて、沈んでいった。

そして結論から言えば、最も酷い終わり方のひとつを僕は経験した。これを忘れてしまう手もあったが、僕は個人的に文章を書き、過去を整理しようとした。それをあるとき、浜島先生に話した。それがきっかけとなり、大島先生にも加わっていただき、三人で振り返りを行なうことになった。

つぶやき…

学生支援ＧＰの船出は手探りの状態で、形を作るのに精一杯で、あらかじめプロジェクトを振り分けたのは致し方のないことでした。

最初のパンフレットを作ったのは私ではありません。このグループのプロジェクトは、予想以上に何も準備されていないものでした。だからこそ、私が代理で佐渡へ引率したりしたのですが。清野君がこのグループだったからこそ、違和感をもとに、修正を試みることができたのだと思います。代償は大きかったですが、得るものもあったのかもしれません。

2　浜島先生との出会い

僕が割り振られたグループは「佐渡ヶ島の漁業民調査」が活動のテーマだった。初回のミーティングでは、重苦しい

雰囲気もあり、活動内容の議論が全く進まなかった。その後、数回のミーティングがあったが、このテーマを通して何をしたいのか、という議論は一切されなかった。

文部科学省からの予算であることや、全学あげての取り組みであること、ミーティングには教職員が同席するという状況の中で、図らずも、ミーティングすらも公的な性質を帯びてしまっていた。「学生の集まり」というよりも「会議」と言った方が近かった。

当然、ミーティングを重ねても、活動の方向性がなかなか定まらなかった。そんなとき、学生支援部門から「まずは佐渡に行ってみてはどうですか」と提案を受けた。

そして僕のグループは、平成二〇（二〇〇八）年三月に佐渡ヶ島に向かうことになった。僕は、ミーティングのあまりの雰囲気の重々しさから、その研修旅行には参加しなかった。押し黙っての二泊三日は耐えられそうになかったからだ。

しかし予想に反して、その研修旅行はグループに良い結果をもたらした。ひとつは、学生同士が率直に話し合う機会を得たこと。もうひとつは、担当教員の代理として浜島先生が引率に来たことだ。たまたま、グループの担当教職員の都合がつかず、引率者がいなかったのだ。そこへ代理として、浜島先生がいらっしゃった。

浜島先生は若く、学生に圧迫感を与えるようなタイプでもない。大学から離れて、重々しい雰囲気の教職員もいない。そのような環境が作られてようやく、「このグループの活動ってよく分からないよね」と学生たちは口に出すことができた。顔を合わせてから三ヶ月後のことだった。

そして、今後の活動について議論していたのが、次第に学生支援ＧＰそのものへ議論が移っていった。その議論には浜島先生も参加しており、学生は運営側の意見を聞くことができたし、逆に言えば、浜島先生は学生の意見に直接触れることになった。

その場には、のちに僕とグループを立ち上げる友人Ｋも参加していた。Ｋは、学生支援ＧＰのあり方について、浜島先生に思っていることを話した。テーマばかりが先行し、学生が置いていかれていることや、学生支援部門が佐渡研修へ行くように（やんわりとではあるが）指示してきたことを語った。

実は、Ｋは大学に入る前からの友人で、偶然にも同じグループに割り当てられていたのだ。初回のミーティングでは、お互いに驚いたという経緯がある。

そしてＫも、ミーティングを重ねるたびに、僕と同じことを感じていたようだった。僕とＫは、二人だけで「学生主体の活動」についてよく話し合うようになっていた。

そして偶然にも、学生支援ＧＰの特任准教授である浜島先生が、佐渡研修の引率に来られた。Ｋは、その機会を捉えて、自分たちの意見を述べた。

僕は、佐渡での出来事をあとから聞いたわけだが、浜島先生と接点を持てたことに興奮した。Ｋと僕は、学生支援ＧＰのあり方について、以前にも増して議論するようになり、それをまとめて意見書を作った。

提出するとき、僕は相当に意気込んで浜島先生のところに向かった。その緊張と興奮が、退屈だった生活に骨組みを与えていくように感じていた。

この意見書の提出が、僕と浜島先生との出会いだ。

つぶやき…

学生自ら「主体性」や「自律」について考え、議論をまとめ、意見書を提出したことは、私たちを興奮させました。

佐渡への同行も担当係（事務職員）から勧められてのことでした。まだ私の居場所も間借りでした。私も大学の仕組みがよくわからなかった時期のことです。ただ、そこで初めて学生の皆さんを知り、この学生支援ＧＰに何を求め、期待しているのか、肌で感じることができました。それまでデスクワーカーだったので、すごくうれしかった（やっと、ここに来た甲斐があった）思いがあります。清野君からメールをもらったとき、「こういう学生がやっと来てくれた」と安堵したのを覚えています。

3　グループ新設に向けて

意見書を提出するとき、浜島先生のほかに、もうひとり女性が同席した。その女性は事務補佐員という役職で、この方にも、のちのち大きな励ましを受けることになるので説明を加えたいが、それはまたあとに書こうと思う。

意見書を渡すとき、浜島先生と事務補佐員さんと少しディスカッションをした。僕は「主体性を育てるには、活動テーマを選ばせるのではなく、テーマ自体を立案させるべきではありませんか」と切り出した。

「僕たちは、大学を卒業して社会に出ます。そして仕事を通して社会と交わっていきます。でも卒業して『はい、今日から社会人ね』と言われてもどうしようもないように感じるんです。もちろん、ある程度は仕方のないことですけど。でも、学生のうちから、社会に触れる経験があれば、卒業と同時に社会に放り出されるような感覚はずいぶん楽になるんじゃないでしょうか。

大学の中にとどまって、専門知識を身につけることも大事です。でも外に出て、自分の専門が社会にどう活かされるのか、自分が社会とどう関わるのか、という視点を持つこともすごく大事だと思います。それは教室の中だけでは教えきれないものです。大学の制度やカリキュラムで、部品を組み上げるようにはうまくいきません。

だから、学生には、自分で自分を育てる機会というか、試行錯誤の余白みたいなものが必要だと僕は思っています。大学側が制度的に定めたものだけではなくて」と僕は話した。そして最後に僕は「新しいグループを作りたい」と伝えた。

話を聞いた浜島先生は「私たちの仕事は、君のような学生をサポートすることなんですよ」と言われた。「しかし、この学生支援GPがまだ本当に始まったばかりなので、ある程度の形をこちら(学生支援部門)が作ってしまったんです。すみません」と頭を下げた。そして「もちろん、学生がグループを立ち上げるのは歓迎です。そのための学生支援GPですから」と続けた。

事務補佐員さんも「こっちもまだ手探り状態だから、学生の意見をもらえるのは嬉しい」と話した。「実は、清野くんの意見が単なる反発だったらどうしようと思ってたんだけど、よく考えているようだから頑張って活動してほしいと思う。もちろん私たちも協力するしね」と笑った。

二人の肯定的な対応を見て、僕は心が浮き立ち、胸が熱くなった。この気持ちがなかったら、学生支援GPでの活動は続かなかっただろう。

次の日、面談の様子をKに伝えると、彼も興奮した様子だった。僕らは話し合い、活動テーマを広報活動に決めた。広報をテーマにしたのは、比較的自由に動けると考えたからだ。活動のテーマが抽象的であるほど、カバーできる領域が広くなる。しかし具体性に欠けると外殻が弱くなる。その間を取って「広報」を活動のテーマにしたのだ。

活動テーマは通行証のようなもので、それ自体に価値はない。価値があるのは、通行証を使って行ける場所だ。僕が欲しかったのは「試行錯誤できる場」だった。

というのも、ひとたび社会に出ると、私たちは失敗することが許されなくなるためだ。たとえ本人が気にしていなくても、周囲が失敗を見逃さない。酷くなると、試行錯誤ですら失敗であるかのように受け取られる。すると誰もが、自分が所属する集団の平均に近付こうとする。「君子危うきに近寄らず」的な発想だろうか。大勢が無難な発言、行動をするようになる。

しかし、成長するためには、自分の欠点を認めて直していかなければならない。そこには必ず、試行錯誤の過程が必要になる。だから僕は、大学生という「大人」と「子ども」の緩衝地帯に、試行錯誤の場を作りたいと考えた。そんな場があれば良いと思っていたのだ。これは、自分にとっても、他の学生にとっても役立つものだと思った。
その目標に向かって、僕は学生支援ＧＰの活動に深くのめり込んでいった。

つぶやき…

「プロジェクトを立案する」ことは極めてハードルの高い事です。しかし、「解決すべき問題点を考え、自分たちの目標を設定し、その解決方略を考え、プロダクトを作る」ことは、まさに社会で求められているスキルです。

今でもそのときの意見書を保管しています。清野君のイラストで、大学を、学生支援ＧＰを、学生の力で動かしていきたいという熱意を感じました。物事が動き始めるときは、前向きに、各自が思いを強く語ることです。どことなく、清野君と大島先生の指向は似ています。

4　事務の壁、大島先生との出会い

意見書の提出から、新グループの設立はスムーズに進んだ。実際の活動は始まっていなかったが、担当教職員も決まり、僕とＫのほかにも、二人のメンバーが参加してくれた。この二人も、もとは佐渡の漁業民調査のグループにいた学生だ。

そして一ヶ月後、僕らは二年生になった。しかし不便なことに、医歯学部は、教養課程と専門課程でキャンパスが違う。二つのキャンパスは、バスの往復で一時間程度、運賃は千円近くかかる。ミーティング時は当然、人数の少ない医歯系の学生が教養キャンパスまで通わなくてはならない。週に一度のミーティングでも、月に四千円はかかる。

そこで僕は、学生支援GPの活動に参加するためのバス代なのだから、大学が交通費を負担できないかと浜島先生に訊いた。先生は事務に掛け合ってくれたものの「前例がないものにお金は出ない」というのが返答だった。「全学あげての取り組み」なのに、この待遇である。

結果として、医歯系の学生は二年次にあがった段階で、急激に参加率が下がり、実質的に学生支援GPから離れた。これを受けて、次年度から大学はバス代を負担するようになった。お金ではなく、バス券支給という形で、かつ「事前申請すれば」という条件付きではあるが。

そして平成二〇（二〇〇八）年四月になり、新グループの設立を周知する機会が訪れた。全グループ参加の活動報告会だ。各グループがこれまでの四ヶ月間の活動を振り返り、今後の展望を発表する集まりだった。

この活動報告会のことは、今でもよく覚えている。はじめは何がなんだか分からずに活動してきた学生たちが、それぞれの目標を持ち、歩き出そうとしている様子を垣間見ることができた。静かだが、深いうねりのような熱気が会場を満たし、新しいことが始まる奮えを肌で感じ取ることができた。

僕がグループの設立を告げたのは、全グループの活動報告が終わったあとだった。

「僕たちは、まるでベルトコンベアに乗って部品を付け足されるように、試験をパスしていくだけで、何となく卒業していきます。でも自分の知識と、自分の思いで人と通じ合うことができたなら、それはすごく面白いことじゃありませんか？」と僕は一二〇名を超える参加者に語りかけ、新グループの設立を告げた。

それから報告会が終わり、浜島先生のところに行くと「教育担当理事と学生支援部門長が来ているから、挨拶していきましょう」と言われた。言われるままに付いていくと「いやあ、良かったよー」と僕の肩を叩いた先生がいた。それが大島先生だった。先生は続けて「君、歯学部なんでしょ？いやあ、同じ歯学部として嬉しいなあ」と言われ「よろしくね」と握手をされた。

僕は圧倒されながら、ほとんど放心状態で挨拶を済ませた。理事にも「君は喋るのがうまいねぇ」と褒められ「このまま頑張ってよ」と背中を叩かれた。

先生方との挨拶を済ませると、友人Ｋも「成功だな」という笑顔で僕に近寄ってくる。僕も「やったな」という顔をして、壁にもたれて一息ついた。

すると、ある人が僕らの方に歩いてきた。教員か職員かわからないが、僕らの目の前に立ち、軽く会釈をした。首から下げた名札で、職員であることがわかる。

すると、その人は唐突に「新しいことをするの構いませんけれど、お金だけはかけないで下さいね」と言った。僕とＫがよく分かっていない顔をしていたのだろう。その人は「学生支援ＧＰの担当職員です」と言って、その人はそれから所属と名前を言った。

この発言や態度こそ、僕らの置かれた立場をよく表しているものだった。学生支援ＧＰは、歓迎されたものではない。僕らがそれに気付くのはもう少し先のことになる。

つぶやき…

歴史的に学生と事務職員の間には接点が少なかったことが、意図せず互いの信頼関係にマイナスに働くことを発言してしまうのでしょう。教員でも学生との接点が少ないと、同じような態度を取ってしまうのかも知れません。

学生に言うべきことでないことを言ってしまうあたりが、プログラムとして、また組織として不完全、未熟であった証拠です。学生支援ＧＰという事業が、「伝統ある」国立大学では新規すぎるがゆえに、異端だったのです。成熟した社会の中では、新参者ははじかれます。私がはじかれるのはよいですが、担い手である参加学生をはじくのは本当にやってほしくないことです。

5　新グループでの仕事

新グループの仕事は、報告会のポスターやチラシ作り、その看板の設置、プレゼン機器の準備など、学生支援部門の手伝いから始まった。ものを作ること自体が楽しく、学生支援部門から何か依頼をされることも信頼されているようで嬉しく思っていたので、雑用でも、アイデアを出し合い、楽しく活動していた。

ポスター作りの合間に、僕は数ページだけの冊子を作った。それは遊びで作ったもので、適当に書いた文章や、自分のグループのメンバー募集などを載せていた。

技術も経験もないときに作ったものだったので、今見ると酷い出来だった。全ページが手描きで、原本を複製して冊子にしていた。そのため、文字は滲み、イラストは色褪せていた。

それでも当時の僕はその出来栄えに満足していた。そして冊子をメンバーに見せて「作るのはそんなに難しくないよ」と話し「次はみんなで作ろう」と持ちかけた。

次の冊子作りに向けて、他のグループの取材を行うことになった。ミーティングを重ね、誰がどのグループに取材に行くかを話し合い、交渉をしたり、学内で記事になりそうな催しがないかと調べたりもした。

そしてあとは、各自の記事を待つだけという段階になった。三週間もあれば、記事は集まるだろうと楽観していたが、物事はそううまく運ばず、二冊目もほとんど僕ひとりで作ることになった。記事を待たずに締切を優先したからだ。

締切を優先したのは、その冊子のメイン記事が、四月の活動報告会だったせいだ。まだ活動報告会の余熱が残っているうちに、そして新年度の雰囲気が消えないうちに発刊したかった。

結局僕が空白を埋めた。他グループとの交渉、挿絵、レイアウト、校正も僕が行い、印刷し、紙を折ってホッチキスで紙を留めた。

僕にしてみれば、「どうしてB5用紙の半分も埋められないんだ？」という気持ちもあったが、さほど気にはならなかった。校正や製本という地道な仕事をひとりで行ったことも気にならなかった。メンバーの仕事は記事を書くことであって、面倒なことは僕がやってしまえば良いと思っていた。

今思えば、この考え方は間違いだったが、そのときには「二冊目ができて良かったな」としか僕は思っていなかった。もちろん締切に関しては無視できない問題だったが、メンバーに注意する前に、自分のやり方を点検する方が先だと僕は考えた。チームマネジメントやミーティングの手法、プロジェクト管理について勉強し、グループの反応を見ながら実践していった。

はっきり言って、こんなことをするのはとても面倒だった。けれど「これも学生支援GPならではの経験か」と思い、できることはしようと決めた。

メンバーは、元のグループを抜けて僕のグループに参加してくれたのだ。簡単に匙を投げる訳にはいかない。他人を巻き込んだ責任が僕にはあるのだ。良いことも悪いことも引き受けなければならない。

つぶやき…

社会に出てからも、「何で自分だけがこんなに仕事をしているのか」と思う場面は多々あります。人間社会は、誰かが頑張って仕事をしていると、周りはその人を頼り、自分を従に位置づけるものです。苦労を厭わず、自ら率先してポジティブに仕事に関わることは、結果として自分の評価を上げることに繋がります。努力というのは、評価という形にで自分にフィードバックされるのです。

そもそも原稿を書いた経験のない学生が、締切だけを与えられても、何をしてよいかわからず、相談もできず、結果として「なかったこと」にするほかなかったのだと思います。そこは清野君に頼らず、教職員が間に入り、丁寧に進捗状況を確認すべきでした。グループではなく、個人作業にしてしまったこと、ここが広報グループが活性化しなかった要因だと思います。締切を守れなかった学生にも言

い分はありますし、それを正論で責めても、逆に相手を追い込むだけです。

6 共有できない価値観

二冊目を発刊し、平成二〇（二〇〇八）年六月になった。活動報告会のような大きなイベントもなく、一休みできそうな時期に入った。加えて、メンバーのひとりが学部の友人を誘い、僕のグループに新しい仲間が加わった。

僕はここで、グループの目標を明確にし、グループ全体で共有しようと考えた。グループ新設の経緯を改めて話し、これからどんなグループになりたいかをクリアにしようと思った。

僕が目標に定めていたのは、「試行錯誤の場」を作ることだった。自分の欠点を自分で発見し、自分で改善できるような場だ。そこでは学部のカリキュラムではカバーできない、個別的な成長の機会を得ることができる。そんな場を作れれば良い、と当時の僕は考えていた。それを作れば、みんなの役に立つと思っていたのだ。純粋というか、若者の単純さが成し得る行動だったのだと思う。

そんな純粋さが逆説的に、メンバーの感情を動かしたのかもしれない。そういう点で、僕らが共有していたのは、試行錯誤の場を作るという目標より、ある年齢、ある環境だけで生じた共振ともいえる。

その背景には、僕たちに共通したある種の物足りなさがあった。それは、何かに主体的に関わっていない物足りなさだった。学部での課題や実習はあるが、それは与えられたものにすぎない。それらの課題をこなしたところで、得られる悦びはあまりない。宿題が終わって、一息つくレベルのものだ。僕たちには、主体的に取り組める目標なり目的なりが必要だった。でもそれが分からなかったのだ。努力の矛先が見つからないと言うべきだろうか。空虚感とも焦燥感とも違った、柔らかな圧迫感のようなものが日常の片隅にあった。

実際にそれがあったのかは分からない。けれど、当時の僕はそれがあるものだと仮定し、行動した。その結果、活動を共にするメンバーや賛同者を得ることができた。

しかし今振り返ってみれば、僕はメンバーと価値観の共有は出来ていなかったのではないかと思う。

僕個人は「社会に交わる」ことが目標だった。何を大事にして、どういう判断で行動するのか、という個人的な指針を立ち上げよう、ということだ。これは、就職活動で打ちのめされていく学生を見てそう思った。

就職活動には、企業側の事情も、学生側の事情もある。うまくいってもいかなくても、単純に言えば、組合せの問題だ。しかし、その過程で学生は「自分は何者なんだ」という問いに曝される。別に分かる必要もないが、就職活動中は何とか答える必要がある。だから苦しい。

だったら、学生のうちから準備すれば良いのではないか、と僕は考えた。「自分は何者なのか」と考えさせられる機会を作れば良い。それが僕の言う「試行錯誤の場」である。だから僕のグループの目標は「試行錯誤の場」を作ることになったわけだ。

そして、その場を作るための手段が広報活動だった。各グループの活動は別個のものなので、実際的な経験はそれぞれ違う。しかし、そこに共通な体験、ジレンマ、過程があれば、他者にも役立つ。それを僕は広報誌に書こうと考えていた。そして、広報誌を媒介として、各グループが全体としてひとつの場を作ることを目標としていた。

このようなことを僕はメンバーに語り、メンバーは賛同してくれた。しかし、抽象的な部分はあまり共有されず、具体的な「広報誌を作る」という部分だけが、より強く共有された。僕にとっては、手段のひとつだったものが、グループとしては目的にすり替わってしまっていた。

その結果僕は、熱心に話すほど、メンバーとのズレを感じ始めることになる。自分の考えを理解され、共感されながらも、行動原理を共有できないもどかしさから、僕は少しずつ孤立感を憶えるようになっていった。

つぶやき…

社会に出てからも、「価値観を共有する」事は組織運営上最も重要なことです。価値観を共有出来なければ、組織はバラバラになり協調することが出来ず、到達目標の不一致をきたします。

このグループは教職員の関わりが薄く、清野君を中心に運営をお願いしていたので、急を要する対応ができませんでした。話し合いのルール、調整、ゴール設定など、経験のある大人が少なくとも最初はいるべきでした。別の業務で皆さんの意欲を汲めなかったのは、担当教員を引き受けた私の責任です。

7　大学のＰＲビデオ制作

新メンバーが入り、三冊目の広報誌を作ることになった。もうすぐ夏休みになる頃だ。各グループは、休み前、あるいは休みに入ってすぐの研修(地域活動)を計画していた。僕たちにとっては、記事を集めるチャンスだった。

それに合わせて、僕たちもミーティングを重ねていた。しかし、まずミーティングの出欠のメールが来ない。「次のミーティングまでにやってこよう」と言ったことをしてこない。時間を守らない。そんなことが続いた。締切や役割分担のルールが守られないこと、価値観が共有できないことなどから、僕は少しずつグループに対して不満を感じ始めた。

僕はチームのマネジメントについて勉強し、メールを返さないメンバーには、返信しやすい具体的な内容だけを書き、返信しやすい時間帯を訊いたりもした。他にも、データの共有には、どんなサービスがあるのか。パソコンと携帯電話の両方から見やすく、書き込みやすい掲示板はないか。プロジェクトの進捗表の共有など、より良い運営方法をずっと考えた。

それでも駄目だった。何をしても「学部が忙しい」の一言で片付けられてしまった。結局のところ、彼らには、学生支援ＧＰに時間を割くだけの興味がなかったのだ。携帯電話に、大学アカウントのメールを転送する方法を何度か教えても、転送するようになったのは一ヶ月以上もあとだった。

しかしその一方で、ミーティングを開くと、意外にも「それ面白いね」、「自分はこうしたい」という意見が出るのだ。僕はミーティングでのこうした状況に励まされ、冊子作りがなかなか進まなくても、辛抱強くグループを鼓舞し続けた。

それでも、遅々として冊子作りは進まなかった。各自の進捗状況は不明で、メールを催促しても返事はない。情報は共有できず、何がどう進行しているのか把握すらできない。ミーティングのときの勢いが嘘のように思えた。僕はそのことに混乱しつつ、徒労感が増えていくのを感じていた。

結局は、「いざとなれば自分ひとりで作ればいいいさ」と思い、黙々と担当の仕事に取り掛かった。

そんな折、ある依頼が舞い込んだ。大学のＰＲ番組の映像制作である。正確に言えば、ＰＲビデオのシナリオ作りと出演だ。撮影と編集は制作会社が行う。この依頼は大学広報課からのものだった。

シナリオ完成までの締切は十日も無かった。ただし十日後に制作会社と会議をするというだけで、僕たちが広報課にシナリオを提出するのは、依頼を受けた二日後に設定されていた。あまりに短い。けれども僕はやりたかった。広報グループの実力を示すチャンスだと思ったからだ。僕は寝ずにシナリオを考えた。

しかし、僕自身が言いたいことと、大学が学生に言って欲しいであろうこと、大学内での学生支援ＧＰの立ち位置、それらを考えると頭が痛くなった。あちらを立てればこちらが立たず。どの方向にも大小様々な壁があり、なかなかうまく進まなかった。

結局僕は、大学が学生に言って欲しいであろうシナリオを優先した。「この大学って楽しいよ」、「この大学でしかできないことがあるよ」という当り障りのないメッセージを重視した。

つまり僕は、将来大学生になる高校生に対してではなく、大学組織に向けてシナリオを書いた。

僕はうんざりした。当り障りのないことしか言わない大学にも、その大学の意向に同調した自分にも。

しかし、こう考えることで納得することにした。僕が反抗的になったところで、「別の誰か」がシナリオを書くだけだ。大学の手が入って、きっと内容は大差なくなるのだろう。だったら、自分の意見を巧妙に混ぜ込んでシナリオを作ってしまおう。


つぶやき…

私も学生支援ＧＰの運営側にいたので、当時は「新潟大学はこんなに良い取組をしているよ」という大学に都合の良い面を強調することが心地よかったと記憶しています。結果として、清野君たちが企画したビデオは、大学の様々な立場の人から歓迎されたのでした。
確かに番組ビデオ制作は急な依頼でした。そして、日頃の授業がある中、清野君をはじめ、グループの皆さんには苦労をかけてしまいました。ビデオ内容はよいものでしたが、そこまでに至る葛藤へのねぎらい、完成物への評価がなかったのは、私も気になりました。

8　不自由な創作

実は、ＰＲビデオ制作の話は、僕がシナリオを作り終えてから、メンバーに伝えられた。メンバーの反応は「何で自分たちが作らないといけないの？」というものだった。

僕がシナリオを作ってはいたものの、形式上、グループとして依頼を引き受けたのだ。メンバーの反応は当然で、「そんなこと勝手に決めないでよ」というのも、もっともなことだった。

しかし僕ははじめから、この仕事は自分だけでやろうと決めていた。「おおまかなところは僕がやるから」といって、冊子作りには支障がないことを伝えた。同時に、「だから広報誌の方はしっかりやってね」とも思っていた。僕はまたひとりで記事を作って、最終的な帳尻を合わせることはしたくなかった。

そしてなにより、僕には「何かを作りたい」という欲求があった。グループのリーダーとして、グループを運営・維持しなくてはいけなかったが、それをやりたいわけではなかった。さらに、ひとりでやれば一週間で冊子が作れるのに、三ヶ月かけても記事が集まらないグループにいることも苦痛だった。

だから僕はビデオ制作を引き受けた。学生支援ＧＰを広めるチャンスでもあったし、欲求不満を解消する手段でもあった。一石二鳥だったのだ。

シナリオ作りにおいて僕はまず、自分の考えを掘り下げ、自分の言いたいことを書き出した。思いつくままに百個ほど挙げて、それらを分類し、整理した。そのうち、本当に言いたいことをさらに一つに絞った。それは「自分の考えで社会とつながる」ということだった。

しかし、この意見を有効に伝えるためには「大学でただ単位を取るだけでは不十分だ」と言わなければならなかった。当然そんなことは言えない。そのため、シナリオの骨子を組み立ててから、慎重に言葉を選んで、台本を書いた。

引っかかりのある言葉、摩擦が強そうな表現を修正し、順番を組み換えていった。生まれて初めて類語辞典を使いながら、表現を書き換え、口に出して台本を読み、言葉の強弱を繰り返し確かめた。

こうして、シナリオが完成した頃には、空が白んでいた。僕は達成感と安堵感に浸っていた。ひと仕事終えて、肩の荷が下りた。疲れてはいるが、完成はやはり嬉しいものだった。それまで溜まっていた創作への欲求不満もずいぶん解消されていた。

しかし同時にこうも考えていた。結局、自分の言いたいようには言えなかったし、表現したいように表現できなかった。要するに政治的なバランスをとるのに苦労しただけじゃないか。別に何かを作ったわけではなく、単に形を整えただけじゃないか、と。

結論から言えば、バランスを考えた創作をしたからこそ、僕のグループは発展することになった。大学からはある程度の信頼を得ることができたし、学生支援ＧＰの潜在的有効性を示すこともできた。

しかし、僕の中には澱（おり）のようなものが蓄積されていった。あとになってわかったが、僕は僕自身の首を絞めていたのだ。自分自身を苦しめ、損なっていながら、それに気が付いていなかった。あるいは、意図的に無視していたのかもしれない。

そのことに気付いた頃には、自分を回復させるだけの熱源が僕には無かった。僕は自分自身をスポイルしてしまったのだ。

つぶやき…

「自分の知識と自分の想いで社会にエントリーするのが大学生である。そして、『夢』のもう一歩先へ、つくりあげている『未来』がある」という清野君のメッセージは、多くの人の心に響いたと思いますよ。

消費の側はとかく、生産の側のことよりも、自分の利益を優先しがちです（便利だとか、安いだとか）。しかし、生産の側の努力なくして、社会は発展しません。消費する側のことを考えて、良い物を提供するのが、生産する側の使命です。ビデオ制作にも清野君の思いが存分に含まれていたことがよくわかりました。それをわかってくれている学生がいるだけで、学生支援ＧＰとしては成功だったといえます。

9　やっと一段落つけそうだ

ビデオ制作は過酷だった。シナリオを作ってからも、職員さんとのミーティングで次々に変更が出てくる。苦労して調整した言葉をあっさりと削られてしまったり変更されたりもした。

同時に、冊子作りの進行調整もしなくてはならなかった。各自の原稿の進捗度を取りまとめ、どの部分に手助けが必要かを考えた（メール返信がないため、ほとんど機能しなかったが）。

さらに、学部では試験期間だった。専門課程に入り、内容もぐっと深くなっていた。よく、あれだけの量を処理したものだと思う。今では到底できない。

ビデオ制作では、職員さんとの打ち合わせも終わり、次に制作会社の方と打ち合わせをした。絵コンテを完成させないまま見せたことをよく覚えている。午前中に試験を受けて、キャンパスを移動し、午後から打ち合わせだったのだ。その前日は、試験勉強とシナリオ作りを二十分単位で交互にしていて、夜中まで起きていた。

僕は、寝不足でうまく働かない頭でシナリオの内容を説明した。そして、その場で絵を描きながら、撮影してほしい状況を補足した。

それから帰宅して、夜に絵コンテが完成した。それを制作会社にメールで送った。ようやく眠れると思ったが、すぐに返信が来て、分かりにくい箇所を修正するはめになった。修正が終わって、夜が明ける頃に眠った。長い一日だった。

これほど余裕がないのには理由があった。

実は、シナリオ完成から撮影日まで一週間ほどしかなく、しかも、「一日で」全てのシーンを撮る予定だったのだ。そのため制作会社は、時間配分をより厳しく決めなくてはならない。僕の絵コンテをもとに「いつ、どこで撮影するか」を早急にまとめる必要があったのだろう。

だから僕はとにかく急いで仕事を片付けていった。制作会社と大学広報課へ何度もメールをやり取りし、その一方で、冊子の制作手順をまとめておいた。さらに、進捗状況を伝えて来ないメンバーには「困ったことがあればメールして」と言い、冊子の表紙も描いた。

台本が完成し、撮影するだけの段階となってからも、やるべきことがあった。学生に対しての出演依頼だ。僕はよく知っているグループの学生にお願いした。「なぜこのシーンが必要なのか」、「今後の学生支援ＧＰにとって、どう役立つのか」、「僕は何を表現したいのか」とできる限り説明して、出演をしてもらった。

撮影日には、僕は試験があったので現場で指揮をとることができない。そのため、メンバーに仕事を引き継いだ。しかし資料を送っても、いつものように返事はない。結局、電話で「いいね？割り振りの表は届いているよね？」と確認して、当日を迎えることになった。

撮影はうまくいった。顔見知りのメンバーに出演してもらったので、スムーズに撮影は進んだようだ。僕は台本を作るのに苦労はしたが、撮影がうまく進んだのは、その場にいた人たちのおかげだ。みんなが「楽しもう」と協力してくれたからこその成功だったと思う。僕たちの学年の強みは、こういうところだ。

学部の試験の方も問題なさそうだった。広報誌の方は予想通りだったが、予想していたので対処もできた。

ちなみにビデオ制作に関して、大学側からの労いの言葉はなかった。

何にせよ、ようやく一息つけそうだった。僕はそろそろ休みたい気分だった。

つぶやき…

ＰＲビデオの制作というプロの仕事に主体的に関わることができたのは良い経験でしたね。今後の活動に必ず活かさせるでしょう。労いの言葉がなかったのは寂しいですが、ビデオの高い評価という労いがあったと思うようにしましょう。

撮影当日の様子は私も覚えています。制作会社のクルーと大学側の担当が慌ただしく動き、分刻みに撮影していました。撮影優先のため、当日出演予定のない学生はＢ４５４教室で驚き、戸惑っていました。全員がカメラ慣れしていない状況で、とにかく撮影を終えた、そんな気がします。私は出演しなくて良かったです(後ろ姿が数秒映っていますが、いつでもなかったことにできます)。

第9章　学生支援ＧＰの現実

1　裏通信
2　新しい協力者と新しい依頼
3　学生支援ＧＰの影
4　それでも仕事は待ってくれない
5　経営協議会を終えて
6　シンポジウムに向けて
7　シンポジウムを終えて
8　初めての予算
9　『Ｂ４５４』創刊

1 裏通信

大学のＰＲビデオ制作が終わり、それと同時進行していた三冊目の冊子作りの方も少しずつ進んでいた。各自が担当する記事の量を決め、フォントやサイズに関する基本的なルールも作った。

あとは各自が取材をして、夏休みの間に記事を書いてくれれば、ひとまず大丈夫そうだ。冊子の発行は、夏期休業が終わって後期が始まる平成二〇(二〇〇八)年十月とした。

しかし結局、発行は延びて一一月になった。例によって、締切を守らなかったためだ。これは予想していたことだったので、僕が書いた記事で空白を埋めて、文章校正やレイアウト、写真補正もひとりで行って、冊子を完成させた。

僕はがっかりしていた。締切を守れないことには何か理由があるのだろうから、それが悪いとは思わない。でもそれに対処しないことは悪い。夏休み前に、お互いに進捗を確認するためのペアまで作っていたのに。

そもそも僕は、あまり他人に口出ししたくない。自分が口出しされることが嫌だからだ。

だから「やってほしいこと」を言い、「そのための手法」を教え、「注意すべき箇所」を伝えたら、あとはその人に任せる。それが僕のグループの基本姿勢だった。もちろん、問題が起きたらみんなで考えるし、教え合うことも勧めていた。僕はリーダーとして「困ったことはないか」、「してほしいことはないか」とたびたび訊いていた。そんな環境でも、僕のグループは機能しなかった。

しかしそれは当然の結果だった。本人が何もしていないから、問題が起きようもないし、困難にぶつかるわけもないのだ。何度か「なぜ報告や連絡が必要なのか」と説明したこともあった。しかし、僕が説明すればするほど、相手は「分析されている」、「わかったつもりで偉そうだ」と感じるだけで、僕が問題を解決しようとするほど、より絶望的な状況になった。

だから、僕は相手を待つことにした。いずれ話も通じるだろうと思うようにした。締切を守らなくても、相手が書き上げてくるのをじっと待つことにした。

待つと決めたから、僕には時間ができた。そこで、さっそく何か作ろうと思った。

夏季休業の前に、僕は一泊二日で地域活動をしたグループに同行していた。そこで感じたことを文章にしようと思った。この地域活動は本当に楽しかったし、学生支援ＧＰの長所が集約されているように感じていた。

そのグループの活動記録は、三冊目の冊子に載せたが、なかなか記事にはしづらいものもあった。例えば、「誰々がこんなことをした」とか「朝起きるとき鳥がうるさかった」といった、取るに足らないことだ。これをわざわざ多くの人に見せることもないだろうと思って記事にはしていなかった。

しかし、そういった取るに足らないことも当事者には面白いはずだ。そこで、そのグループに渡すためだけに、別の冊子を作ることにした。僕はこれを『裏通信』と名付けた。

裏通信では、絵を多く使い、文章は短く簡潔にした。説明的なものは省いて、率直な感想を書くようにした。僕はこれを二、三日で完成させた。

出来上がったものは、評判が良かった。内容としては、僕がひとりで作った一冊目の広報誌に近い。絵が多く、個別的で具体的な話を中心にしていて、なにより、無駄がたくさんあった。

これを作っている間、僕はとても楽しかった。それまで得た冊子作りのノウハウを生かして、より質の高いものを作れるようになっていたし、他人のペースに合わせる必要もなかった。どちらに進んでも新しい発見があり、様々な工夫を試すことができた。個人作業の身軽さに驚くほどだった。

その結果、僕はどんどん裏通信作りに精を出していくようになる。

つぶやき…

やりがいをもって打ち込める仕事は、楽しく、タフな仕事も苦労と感じないので、驚くべき成果をあげ、その達成感も大きなものとなりますね。ここで重要なのは価値観や意義を共有できる仲間です。

裏本的な冊子を推奨するのは気がひけるのですが、そうせざるをえなかった清野君の気持ちは理解できます。「いつかわかりあえる」は無理な話で、「わかりあえない」相手と、「どううまくやるか」割りきって進めていくほかありません。とはいえ、頭で思うほど、簡単に割りきれるものではありませんが。

2 新しい協力者と新しい依頼

裏通信を完成したものを友達に配ると、興味を示した学生がいた。Yという男だ。彼は、僕が取材で同行したグループの一員だったが、それほど親しくはなかった。

彼は「どのソフトで絵を描いたのか」という質問をしてきた。話を聞くと、Yも僕と同じソフトで絵を描いていることがわかった。しかも僕よりもずっと詳しかった。

僕は、ちょっとした画像補正と、手描きの絵をスキャナで取り込んで、色をつける程度の使い方しか知らなかった。彼の作品を見せてもらうと、実力の差は歴然としていた。僕が素人の日曜大工なら、彼は専門的な建築家のようなものだった。仕上がりはもちろん、細部を見るほどに力量の差が歴然としていた。

それから僕は、彼に絵の描き方を教わった。スキャナの設定や、効率的で正確にノイズを除去する方法、色の塗り方など、基本的なところはほとんど彼に教えてもらった。

あるとき僕は、「一緒に裏通信を作らないか」と誘い、それ以降、裏通信は二人で作るようになった。二冊目の裏通信は、一週間もしないうちに完成した。僕らは締切を設けることはしなかったが、「これをやろう」と決めたら、その三日後にはだいたい完成したものを持ち寄ることができた。

そして、裏通信の三冊目を作っているときに、学生支援部門からの依頼が来た。

平成二〇（二〇〇八）年一二月に学生支援GPのシンポジウムを行うとのことだった。部門が選んだ数グループにこの依頼が来ており、十分程度の活動報告をしてほしいというものだった。

僕のグループが選ばれたことは光栄だったが、冊子作りの完成の目処がたっていないのが気がかりだった。いつ記事ができるのかわからないし、僕は記事の催促をやめていたのだ。ここでシンポジウムに向けてミーティングをすれば、三冊目の冊子は刊行できないだろうし、シンポジウムの発表内容すら完成できないだろうと僕は思った。

メンバーには、シンポジウムに関しては僕が仕事を進めておくと伝えて、シンポジウムの依頼を引き受けた。PRビデオ制作のときと同じだ。

しかし結局、それから二週間ほどで三冊目の広報誌は完成した。そのため、シンポジウムにグループで取り掛かれることになった。

シンポジウムには学内外の教員、関係者が招待されていた。そして、学生支援部門の雰囲気から察するに、このシンポジウムは、学生支援GPのアピールの場のようなものであり、学生支援に対する議論の場ではないことが伺えた（シンポジウムは「討論会」をさす言葉なのだが）。

そんな中、裏通信を作っている過程で、僕に変化が訪れた。裏通信では、個人的な感想、本音を書いていた。そこには、学生支援GPの制度に関する指摘も書いていた。しかし、本当はこういった話こそ、表の広報誌で言うべきなのではないだろうかと思い始めたのだ。陰で文句を言っても何も変わらない。

そのような背景があり、僕はシンポジウムでは「やっていて楽しい」とか「ためになった」という大学に配慮したことを安易に語ることのはやめようと思った。ＰＲビデオのときにできなかったことをしなくてはならない。

ただ、発言には相当に気を遣った。大学には、問題点を指摘するだけで、喧嘩を売っていると受け取る人たちが、かなりの割合でいる。発言の内容はほとんど関係ない。言い分だけでムッとする人が多いのだ。

しかしながら、シンポジウムは直接多くの人に発表できる機会だ。言い方さえ気をつければ、学生の視点から問いかけることができる。時間もあるので、しっかりと準備できそうに思えた。

つぶやき…

学生支援ＧＰでかけがえのない仲間(同志)を得られらことは大きな財産になりましたね。

シンポジウムは学生支援ＧＰ実施二年目ということで、中間的な成果報告という位置づけで企画しました。成果が乏しいなかでの熱意と現状報告ができれば十分だったと思います。私より大島先生が相当頑張っていました。

3　学生支援GPの影

平成二〇(二〇〇八)年一二月のシンポジウムに向けて、僕はゆっくりと準備していた。まだ二ヶ月くらい時間があったのだ。

しかしそこへ、別の仕事が舞い込んできた。それは、経営協議会に参加することだった。それも二週間後に。

僕は、経営協議会がどういうものなのか知らなかったし、今でもよく分かっていない。学長・理事や、学外の企業・団体の方々が集まっていたが、何をしているのかは分からなかった。おそらく、大学の取り組みに対して意見をするのだろう。

経営協議会への参加依頼は、三つのグループになされていた。Ｙの所属するグループも選ばれていた。

ちなみに、この頃出した裏通信には、僕は「自分は大学の犬だ」と自分自身を皮肉るように書いてある。

僕はチーム設立当初「社会に対し、僕たち学生が何を出来るか試したい」と語っていたのだ。それが今ではどうだろう。大学に気を遣い、教職員が喜びそうな言葉を使って、やる気に満ちた学生のふりをしている。しかし教職員に好かれることはなく、むしろ過激なことを言わないか、余計な金を使わないか見張られていた。そして、同じ学生でありながら、一番身近なメンバーからは疎まれてさえいるのだ。

結局僕は、賢くて、器用だと思われはしたものの、親しみや友情を得ることはできなかった。

大学側にも学生側にも、信頼されてはいた。しかしそれは、能力に対するものであって、パーソナリティに基づくものではなかった。結局のところ、大学側にも学生側にも、僕の居場所はなかったのだ。

それまでの僕は、仕事をこなすという点ではずいぶんうまくやってきた。しかし同時に、負の財産も蓄積されていたのだろう。やらなくても良いこと、拒否して良いこと、腹を立てるべきことをただ受け入れ、我慢してきた。

その結果、外の世界では、皮相的な歓迎を受けたが、内の世界ではひたすらに孤独だった。このギャップに僕は悩まされた。というのも、僕がこれまで積み重ねてきたのは、率直に何かを伝えるということだったからだ。言いようのない閉塞感、正しいものが無いという不安、まとわりつく焦り、そういった感情をひとりの学生として、ありありと書くこと。それが僕がやってきた方法だった。僕は学生支援ＧＰを通して、この捉えがたいリアリティに取り組もうと、努力してきた。

そのためには自らのアイデンティティを探るしかなかった。そうしない限り、僕には学生の抱える心情を実体化できなかったからだ。事実、この方法で新しいグループを作り、新しいメンバーを招くことができ、大学からの依頼もやり切った。少なくない共感者を獲得することができたのだ。

しかし、そのせいで僕は「よくできる学生」になってしまった。ひとりの弱さを抱えた学生ではなく、問題を解決し、グループを率いるリーダーになった。そんな僕が、個人的な弱さに基づいたことを書いたところで、説得力はあるのだろうか。多数の人間に認められてしまった学生が、問題を抱えた学生について何が言えるのだろう。

今思えば、この悩みを解消するために、裏通信を作っていたのかもしれない。より個人的で、より内面的なものを作ることで、バランスをとっていたのかもしれない。

そして、裏通信に力を注ぐほど（内面に潜るほど）、自分が学生支援ＧＰに参加する意味はないように感じていった。僕はここにいる限り、不器用に自分をすり減らし続けるだけだろう。

裏通信を作り、シンポジウムや経営協議会への準備をする過程で、僕は強烈なデプレッションを経験することになった。

つぶやき…

自分の努力が認められないのは辛いことです。しかし、結果には原因がある訳なので、現実を受け入れ、自分のやりたい事をどうしたら実現出来るかを考えることが重要ですね。

本文に出てきました「大学の犬」は、私にこそあてはまるかもしれません。学生さんという「羊」を大学という「主人」の命令にしたがってコントロールしていく仕事をしていますから。退職したので関係なくなりましたが。

4　それでも仕事は待ってくれない

学生支援ＧＰに対する意欲は日に日に減衰し、責任感だけで経営協議会やシンポジウムの準備をしていた。経営協議会まで一週間ほどの猶予しか残されておらず、やるべきことは山積していた。

Ｙのグループも経営協議会に参加し、僕とＹは裏通信作りでしょっちゅう会っていたせいだろう。いつの間にか、僕らが経営協議会に参加するグループを取りまとめ、各グループの発表者と連携を取ることになった。

僕は、せっかくの機会なので、三つのグループの発表内容が重ならないように調整しようと考えた。何度か全体でミーティングを重ね、メールのやり取りを経て、経営協議会への準備が進めていった。各グループの発表内容を絞り、発表全体として学生支援ＧＰの長所が伝わるようにした。

各グループ代表者も、その後ろにいるメンバーたちもとても協力的だった。責任感があり、ユーモアもあった。受け答えもしっかりとしていて、ミーティングで出た課題をきちんと解決した上で、次のミーティングに出席してきた。メールに対する返答も早かった。しかも代表者以外のメンバーに質問しても、きちんと答えが返ってくるのだ。グループ内でしっかり議論している証拠だ。

このことに僕はものすごく感心した。これがチームなんだな。きっと楽しいだろうな、と思った。

経営協議会に向けて、着々と準備は進み、リハーサルをすることになった。各自の発表内容の焦点が重ならないようにする、という大枠だけ決めていたので、実際の発表内容を聞くのはこれが初めてだった。

前にも書いたように、僕の大学はキャンパスが二つある。今回のリハーサルでは、新しく導入された遠隔会議システムというものを使った。これは、それぞれの会議場の映像・音声をやりとりするもので、スカイプと同じようなものだ。

話は前後するが、通常、経営協議会に学生は参加しない。実際、僕たちが初めての参加だったらしい。ではなぜ、僕たちが参加することになったかというと、ある先生が学生に発表させてみようと、案を出されたためだ。

さらにその先生は、新しく導入された遠隔会議システムのお披露目も、経営協議会で行おうと考えられていた。新システムを使って、学生支援ＧＰの成果を学生自身に発表させるということが、その先生のストラテジーだったのだろう。確かにインパクトがある。

しかし、表情が見えにくいことや声が聞き取りづらいこともあって、遠隔会議システムでの発表はしないことになった。しかし、ここから伺えるのは、僕たち学生が学生支援ＧＰの広告として使われている、ということだった。

その頃には、学生支援ＧＰに参加して一年が経とうとしていて、そうすると、「どこのグループの活動にストップがかかった」、「あそこには予算が下りて、ここには下りない」という話も耳にするようになっていた。僕自身も当事者として、そんな経験をしてきた。学生である僕たちにも、学内政治の影がちらついていた。

ＰＲビデオ制作の件もある。僕たち学生は、たびたび、政治的な手段として利用されることがあった。経営協議会もその流れだろう。

学生支援ＧＰは、既存の教育制度ではカバーできない個別的な体験を作る場として作られた（と僕は思っている）。そのため、そこにいる学生を評価する方法も新しく考えなければならないはずだった。しかし学生支援ＧＰは、既存の枠組みにどう擦り合わせるかに焦点を当てられ（教職員の不満をどう回避するかに焦点が当てられ）、独自の領域を築くことはできなかった。

つぶやき…

発表というのはパフォーマンスです。学外の人を前に大学の優れた取組を発表する場は、大学をアピールするための広告的な側面があったのは事実です。それは限られた時間での発表では本質を伝えることは難しいからで、誤解を招きそうな事柄を省こうとする大学側のバイアスは致し方のない事でもあります。しかし、そのようなパフォーマンスは学生と大学との間の信頼関係の上で成り立つべき事で、少なくともその位置づけについて事前の説明は必要であったと思います。

経営協議会の重要性は任期付きで雇われ教員の私にもよくわかりません。ただ言えるのは、地位ある学内の皆様方がこの学生報告に少なからず気を揉んでいたことです。学生のプレゼンスキルの養成なのか、御遊戯発表会なのか、失敗の許されない御前試合なのか、この場の目的がなんだったのか未だにわかりません。

5　経営協議会を終えて

経営協議会での発表はうまくいった。ミーティングやリハーサルのときから、教職員は「問題を起こすなよ」という無言の圧力をかけてきていたものの、本番は和やかな雰囲気だった。学外の人間がいるせいだろうか。議論していても、すうっと自然な風が通るような感覚がある。一種、大人の風格というのか、余裕がある。こうしてみると、大学の教職員が狭く、実に細かなことに真剣に悩んでいるように見受けられる。やっぱり大学は特殊な世界なのだなと感じた。

僕の発表内容は、各グループの内容を総合的にまとめたようなものだった。簡潔に言えば、僕たちは考え方ひとつで、様々なことを学ぶことができる、ということを話した。そして、その学びには、それぞれの苦労があること。そのような試行錯誤の場を与えることこそが、大学の懐の深さなのだ。正しいことを教えるのではなく、失敗も成功も見守るという点で、学生支援GPはこれまでの教育を補完するものである、と語った。

僕は僕で、言いたいことを少しは言えたので、最後には「学生支援GPは大学にとっても有用ですよ」とサービスしておいた。現状は、「試行錯誤の場を与えて」もいないし「失敗も成功も見守っていない」のだから、「大学の懐は深くない」と皮肉を言ったのだと気付きそうなものだが。

しかし表面的に見えれば、発表自体はうまくいったと皆が感じていた。同席した教職員も立派だったと言っていたので、マイナスの評価ではないだろう。

けれども、経営協議会には後日談がある。経営協議会に学生を参加させようと発案した先生が、どうも腹を立てているらしい。腹を立てているというか、憤慨している。周囲の大人たちを観察するとそんな様子だった。

実は、経営協議会で「この会に参加することを聞かされたのは二週間前で、（その参加依頼は）ちょっと遅いですよね」と発言した学生がいたのだ。その発言の文脈は、チームワークについて話しているときで「時間はなかったけれど、みんなでこれまでしっかり活動してきたからこそ、今日の発表を行うことができました」と続くものだった。

それが、その先生は「ちょっと遅いですよね」の部分だけに反応してしまったようだ。僕はこの受け取り方に感心すらした。

この発言をした学生は、何を隠そう、Yだ。これ以降、彼は卒業するまでこの先生に目を付けられるようになった。それだけではなく、なぜか僕までマークされるようになってしまった。僕は、「自分で考えて自分で行動しよう」と発言することが多かったので、この先生には初めから良くない存在だったのかもしれない。ある人は、「あの年代の方からすると、君は学生運動の指導者に見えているのかもしれないね」と教えてくれた。

なにはともあれ、目をつけられたY、彼といつも何かを作っている僕、そして、学生側の立場に立つ大島先生、大島先生の部下である浜島先生を含め、四人がマークされ始めたようだった。いや、マークされていたのが表面化したと言った方が良いかもしれない。

あとから見れば、この先生とは、はじめから考え方が違っていたのだ。僕らは学生支援ＧＰを新しい教育の枠組みだと捉えており、そのため、既存の制度とは別の制度で動かさなくてはいけない部分があると考えていた。しかしその先生は、学生支援ＧＰを既存の枠組みにどう組み込むかに腐心していた。

向いている方向が違う。この先生のやり方は、ある意味では正しい。けれど、明らかに学生の方には向いていなかった。あの先生の視線の先には何があったのだろう。

つぶやき…

「大人の立場」が「学生のための学生支援」よりも優先された結果ですね……。

学生の自主性（ただし、大学が認める範囲に限る）というのが、私も現場で何度も感じたことでした。誰のための学生支援なのか、よくわからなくなって、最後には思考が停止しました。権力のある大人が（それも大勢で寄ってたかって）関わることによる弊害なのだと思います。マークはされるより、されないほうが、ストレスは溜まらないと思います。ひとり残された身としては堪らない思いがありました。

6 シンポジウムに向けて

面倒な形で経営協議会が終わっても、次はシンポジウムが待っていた。当然、あの先生も来る。

経営協議会のこともあり、僕はますます学生支援ＧＰに失望していた。しかし、失望した分だけ、というとおかしな言い方だが、創作意欲はあった。もう大学に期待しても仕方ない、自分でやるしかないという諦めのせいだろうか。捨て鉢な諦観が僕を奮い立たせた。

シンポジウムには、学外の先生方が招かれていた。そこで僕は、自分の考えていること、やろうとしていることが的外れなものかどうかを確かめようと思った。

これまで通り、自分が大事にしようと思うことは何か、社会と交わるとはどういうことなのかと自問した。そこから自分の考えを立ち上げて、それをまとめ、スライドにした。

データや写真を見せるわけではなかったので、僕にはスライドが必要なかった。しかし、例の先生が「スライド○○枚程度でまとめ、事前に提出すること」と設定したので、それに従った。

僕は、これまでのグループ活動を中心に前半部分のスライドを作った。そして、後半部分は自分の考えを話そうと決めていた。

後半部分のスライドは、早朝の海や機械の部品など、特に意味を持たない写真を挿入していた（話す内容と少しリンクしているものを選んではいたが）。そしてそれを提出した。

ところが、ある写真を削除するようにと言われた。それは、若い女性が机に突っ伏して寝ている横顔を撮影したもので、全体的に薄い青味がかり、静かな雰囲気の写真だった。そのスライドでは「いつのまにか卒業するような大学生活では不十分だ」という内容を話そうとしていた。

どうも、写真の女性がノースリーブだったのがいけなかったらしい。又聞きなので、本人がどう言ったのかは分からないが「発表に不適切な写真だ」ということだそうだ。

どうかしてるよ、と僕はつくづく思った。それと同時に、こんなくだらないことに関わりたくないと感じた。本当にくだらない。他の発表者にも、細かいチェックが入っていたようだった。

あの先生は、経営協議会の一件があったせいで、学生の発表内容に神経質になっていたのだろう。

僕は、さっさと写真を別物に取り替えて、再提出した。別にこれで構わない。大事なのは話す内容なのだ。シンポジウムに参加する人たちに向かって、僕は誠実に語れば良い。これまでだってそうだった。そうすることで必ず伝わるものがあったのだ。

シンポジウム当日は、ゆったりとした気持ちで参加できた。僕を含め、発表者はこれまでも活動報告を行なってきたので、大体の感じがつかめていたのだろう。それに、経営協議会とは違って、緊張感はそれほどなかった。そのため、のんびりしながら、さらっとシンポジウムが始まったように思う。

つぶやき…

学生の制作物にどこまで関与するかは慎重に見極める必要があります。それはさておき、個人によって物事の感じ方・捉え方に大きな差があることは驚きでもあります。

根底にあるのは信頼関係の有無です。相手の気持ちを考えずに過干渉せざるを得ない背景には、過干渉側に追い込まれた何かを感じます。

7　シンポジウムを終えて

シンポジウムは浜島先生の進行で始まり、次に、教育学を専門とした先生の発表となった。よく講演をなさっているらしく、さすがにうまい。本当に大学の先生かと思ったほどだ。話題の振り幅を大きく始めて、だんだんと抽象的、専門的な話へと持っていく技量は、名人芸と言っても良かった。それでいて、要所要所で、聴衆を笑わせ、聴衆にマイクを向けて質問したりもする。聞いている人たちとの距離感のとり方が、絶妙にうまい。かと言って、安易な印象論に落とさないところは、さすがに学問の徒である。しっかりとデータと示し、複合的な視点を理解させつつ、問題を深化していく。聞く者に学ばせ、考えさせながらも、自分たちがこのシンポジウムにみんなで参加しているのだという一体感を作った。

僕は聞いていて、こんな大人がいるのだったら、自分ももう少し頑張らないといけないなと思った。自分が、ふてくされた子供のように思えた。

そして、この先生が教育において重要なことは何か、と話した内容が、そっくりそのまま僕の考えとリンクした。ああ、やっぱりそうなんだ、と僕は安心した。僕の目指す方向は間違っていなかった。おかしいのは、大学の仕組だったのだとわかった。

シンポジウムは、半日もかかる日程だったものの、この先生の発表の余熱みたいなもののおかげで、終始、好意的に進んだ。

そのおかげか、僕のグループは、学生発表の中では最後だったものの、「学生の発表を聞こうじゃないか」という雰囲気が残っていた。ありがたいことだ。

僕は、同年代の学生に向けてというより、人生の先輩たちに向けて、というつもりで発表した。その内容の趣旨は、学生支援ＧＰに入った当初と変わらず、成長するとは何か、ということだった。

スライドの最後には、夏休み前に取材で撮った写真を載せた。

メンバーとうまくいかず、ビデオ制作で疲れきったあとに行った地域活動。学生支援ＧＰを、初めて楽しいと感じたときのものだ。

僕は発表の最後にこう話した。「心も体も疲れて、それで初めて染みてくる知識があります。くたびれて、初めてわかることがあります。これを成長と呼べるかはわかりません。でもこれが、僕がこれまで一年間学生支援ＧＰに参加して得たことです」。

発表が終わって、僕はすごく安心した気持ちになった。これまで胸につかえていた感情を吐き出せたような気がした。たぶん、あの先生なら僕の言いたいことを汲み取ってくれるだろう。それだけで充分だ。

高揚感ではなく、憑きものが落ちたような気持ちで僕は席についた。

それから大島先生が座長となって、パネルディスカッションが始まった。それが終わると、講評に進んだ。とても穏やかな雰囲気のまま。

講評をしたのは、僕らに目をつけている例の先生だった。先生は、「学生の発表に関して、私は何の指示も与えず、学生の自主性に全て任せました。それなのに、みなさん素晴らしい発表をしてくれて、学生の力には驚かされます」と語った。

事前に発表内容を確認して修正までさせたのは誰だよ。僕と大島先生、浜島先生は目配せをして、笑い合った。

つぶやき…

衝撃の結末。何を意図して発言したのか、私の感覚では理解不能でした。

衝撃の結末に、笑劇でした。その後、笑うことは一切なくなりましたが、当時は予想外でしたので、普段押し殺していた感情が不意に出てしまいました。

8　初めての予算

平成二〇（二〇〇八）年一二月にシンポジウムを終えて、そのまま冬休みに入った。年明けの十日過ぎまでは講義がない。

冬休み中に、地域活動に出るグループも少なく、シンポジウムもあったので、グループで取材に出ることはしなかった。むしろ、「次の冊子を作るのはもう少しあとにしようよ」という雰囲気があった。僕もそれが良いと思った。

そのため、冬休みは学生支援ＧＰとは距離をおいて、好きにしようと思った。相変わらずＹとは、裏通信を作り続けてはいたが、いくぶん文章の毒素が抜けてきたようにも思った。学生支援ＧＰに見切りをつけたせいとも言えるし、シンポジウムで力が抜けてしまったのかもしれない。

そして、冬休み中は、技術力をつけるために、ロゴを作ったりして遊んでいた。自分の苦しさを皮肉って裏通信にすることも少なくなり、思いつくものを作り、これまで作ったものをより高いレベルで作り直したりしていた。

もちろん、ぼうっと日々を過ごしていたわけではなく、忙しさ自体はあまり変わらなかった。学生支援ＧＰでのツテで、大学の広報誌の編集員にもなって、表紙を描き、文章の校正を手伝ってもいた（これは学生支援ＧＰの広報誌ではなく、大学全体の公式な広報誌である）。そして学部では、大島先生の研究室で発生学の勉強をしていた。英語の教科書を訳し、それらをまとめる作業もしなくてはならなかった。

休み中には、新しいパソコンも買った。入学当時に買ったノートパソコンでは、ちょっとやっていけないなと感じていたからだ。そしてデスクトップのMacを買った。そのおかげで、作業環境が一気にパワーアップした。Macを触るのは初めてで、使い方を調べ、それと並行しながら、絵を描いていくだけで、あっという間に冬休みは終わってしまった。慣れない環境で、専門的なソフトを使うと、何も進まないものだ。

冬休みが終わると、ミーティングが開かれた。四冊目の冊子をどうするか、来年度からはどうするのか、ということが議題だった。ひとまず、来年度から学生支援GPに参加する新入生のために、学生支援GPの活動をまとめた冊子を作ることになった。僕はほとんどやる気がなかったので、メンバーに従うことにした。

そして、平成二一（二〇〇九）年一月も終わる頃になると、僕はほとんど教養キャンパスの方には寄り付かなくなった。

しかし、ここで学生支援GPの予算を使える機会が巡ってきた。

これまでずっと、「コピー機ではなくて印刷会社できちんとした本を作りたい」と浜島先生に言ってきたかいがあった。二月中にページ数と部数を申告したら、出版の予算を組んでくれるとのことだった。

僕は迷わず「すぐに作ります」と返事をした。

つぶやき…

コンピュータの更新は、新しい気持ちでリセットして仕事を始めようという気持ちにさせてくれます。その入れ替えには多大な労力を使いますが、ＯＳが替わるとなると、それこそ大きな変化ですね。
平成二〇（二〇〇八）年のシンポジウム前後には、私も一悶着あり、かなり疲弊していた時期です。年度末をどう乗り切ろうか、それぐらいしか覚えていません。

9　『Ｂ４５４』創刊

予算計上のため、僕は早々に必要ページ数を考えた。草案を作って、製本しやすいように、全ページで四の倍数になるようコンテンツを足し引きした。

これまでと違い、製本した冊子は、新入生全員に配られることになっていた。そこで、メインの記事は、学生支援ＧＰ自体の説明と、各グループの紹介に決めた。

そして、ページ構成、レイアウトをすべて決め、浜島先生に必要なページ数を伝えた。

これは、四冊目にあたる広報誌だったが、完全に僕ひとりで作ったと言っても良かった。大学の予算を計上している以上、締切があり、要求に応じて内容を柔軟に変更する必要がある。それは、僕のグループではできないことだった。

この冊子に関するミーティングは、ほとんどしなかった。僕がメンバーの介入を拒否したと言っても良い。

申し訳程度に、いくつかの仕事をメンバーに割り振ったが、ものすごく簡単なことばかりだった。誤字・脱字がないか、自分たちのグループの紹介文を書くことなどで、逆に失礼に当たるくらいだった。それでも、締切は守ってこなかったが。

ただし、あるひとりのメンバーだけには、しっかりと仕事を任せていた。浜島先生のインタビューだ。この仕事を任せた人は、僕が唯一このグループで信頼している人だった。

彼は、寡黙で堅実、でしゃばることはないが不足もない。僕が意見を求めたときには、静かにしっかりと意見を言える人だった。彼だけは、ずっと締切を守ってきた。そしてパソコンでの作業があまり得意でないにも関わらず「清野くんだけに仕事させるの悪いから」と、何か手伝えることはないかと言うような人物だった。学科やアルバイトのことを考えると、彼が一番忙しいのにも関わらず、もっとも仕事を着実にこなしてきたのは彼だった。

僕が自分のグループを見捨てなかったのは、実は彼の存在があったからだ。彼だけは見捨てるわけにはいかなかった。直接的に何かを言われたわけではないが、彼の仕事に対する態度が、僕を何度も励ましてくれた。

だから、彼には浜島先生へのインタビューをお願いした。学生支援GPを紹介する上で、大事な部分だ。彼も浜島先生も口数が少ないので不安だったが、彼が提出した記事を見て驚いた。学生と教員が、真剣に対話している様子が手に取るように分かる文章だった。質問も、その訊き方も自然で良かった。きっと質問をいくつか考えてきていたのだろう。表層的な質問はなく、自分の経験も踏まえた上での良い質問だった。

浜島先生だけでなく、大島先生にもインタビューをしていたのだが、これらのインタビューの目的は、二つあった。ひとつは学生支援GPの紹介で、もうひとつは、学生と教員が、対等に議論できる場であると示すことだった。僕としては二つ目がメインで、この目的を彼は、僕の予想を超えて実現してくれていた。

さらに僕は、Illustratorというソフトを購入し、これまで以上のクオリティで冊子を作ることにした。これまでの経験全てをこの冊子に注ぐべく、時間の許す限り、細部まで手を入れ続けた。

完成したのは、満足できるものだった。僕は、後にも先にもこれ以上のものは作れていない。技術的に言えば、修正すべきところはたくさんある。しかし、冊子作りの発想という点では、これ以上のものはない。

僕はこの冊子に『Ｂ４５４』と名付けた。Ｂ４５４とは、学生支援ＧＰに割り当てられた教室だ。

そして、この広報誌の発行を境にして、僕は学生支援ＧＰから離れていった。


つぶやき…

最後に最高傑作の一つと評される「アビイ・ロード」を発表し、圧倒的なパフォーマンスを見せつけて解散したビートルズを思い出しました。
過労で倒れた後、学生二名からインタビューの話があり、応じた記憶があります。短い時間でのインタビューと写真撮影がありました。記事は、こちらの意図をうまく引き出してくれましたし、適切な分量でわかりやすくまとめてもらえたと思います。

第10章　チーム解体

1　体裁と本質は相容れないのか？

『Ｂ４５４』の制作で、僕はひと通り、やりたいことはやりきってしまった。学生支援ＧＰは、どんどん居心地の悪いものになっていたし、グループ内の不和も見過ごせなくなっていた。

いつだっただろう。急に、事務補佐員さんから「面談をしよう」とメールが来た。事務補佐員さんは、浜島先生と二人で学生支援部門を切り盛りしていた女性だ。物静かだけど社交的で、とにかく有能だった。この人がいなくては、浜島先生は早々に潰れていただろうし、学生支援ＧＰも立ち行かなかっただろう。

逆に言えば、この事務補佐員さんと浜島先生が有能だったからこそ、学生支援ＧＰの問題が表面化せずにいたのかもしれない。そして、考えられないほどに現場の負担が増えていったのだ。それくらい、できる人だった。

事務補佐員さんは、わざわざ歯学部のキャンパスまで出向いてくださった。大島先生の計らいで、教授室を借りて面談した。

僕にとって、学生支援ＧＰは終わったものだった。だから面談といっても、僕は何も話すことはなく、わざわざ足を運んでもらってもなあ、と思っていた。

面談が始まると、事務補佐員さんは「どんなところが問題だと思う？」と訊いた。そして僕の返事を聴き、静かにメモをとった。

そして話を聞き終えると、「清野くんの見方だと『上の』人が悪いように思えるけど」と事務補佐員さんは切り出した。

「わかりません」と僕は言った。「実際に、僕がその人たちと話をしたわけじゃありませんから。ただ、これまでのことを振り返ると、そう見えるということです」

「でもね、清野くんのような学生の見方と、学生支援ＧＰを大学の取り組みとして定着させようとしている先生方の見方はやっぱり違ってくるよね。わかる？」と事務補佐員さんは言う。「わかります」と僕も答える。

「例えば、GPをこの大学の教育制度に組み込もうとしている先生もいるでしょ？今は、国からお金を貰っていられるけど、四年を過ぎたら、今度は大学の予算で運営していかないといけないの」

　また予算の話か、と僕は思った。

「運営してくのを飛行機に例えるとね」と言って、事務補佐員さんは左手をひらひらさせた。「離陸するためには、色々と準備が必要でしょう？それは清野くんたちが入る前から、色んな先生たちが話し合って進めてきたの。それで、準備が整ったから、離陸体勢に入るでしょ」。そう言うと、左手がテーブルの上を滑るように動いた。

「こう。飛ぶわけ。でね、はじめの予定はこの高さまで飛び上がるはずだったんだけど、実際に飛んでみたら、そんなにうまくはいかなかった。それが去年とか今年かな」

「うまく飛んでないんですか？」と僕は訊いた。

「少なくとも、運営側の予想とは違ったってことだよね。何をもって、うまく飛んでいるかは分からないけど、予想とは違ったってことだよ。それでね、今度は着地しなくちゃいけないのね」

「着地って何ですか？」

「この大学独自の学生支援活動としてやっていくこと」と事務補佐員さんは答えた。「とにかくあと二年で、国から予算が下りなくなるわけだから、その後のことも考えなくちゃいけないわけ、運営側としては。それでね、今の時期は、どう着陸させるかを考えてるのよ。学生支援の理念と現状が合っていないことよりも、学生支援GPをどうやって維持していくかってことに力を注いでいるの」（「誰も悪くないのにうまくはいかない」へ続く）

つぶやき…

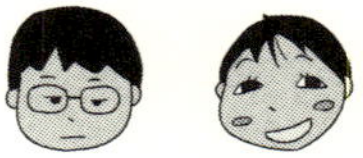

面談中私は退席しましたが、歯学部の私の部屋で行われたのを覚えています。

事務補佐員さんが「今から歯学部に行ってきます」と私が制止する暇もなく、出て行ったときのことを思い出しました。「会って話さないとダメなんです」と、困っている学生のことを心から思い、何かできることはないかとまっすぐに行動する方でした。学生は、だれに頼ったらよいか、日ごろの態度を見て十分わかっていて、事務補佐員さんへよく相談に来ていたのを覚えています。

2　誰も悪くないのにうまくはいかない

「そうなんですか」と僕は頷いた。

「もちろん、清野くんが言う通り、理念と現状が違うってところはあるかもしれないけれど、そこの議論を続けても、GP自体がなくなっちゃったら仕方ないでしょ？清野くんが『上の』人と意見が合わないっていうよりも、見ているところが違う気がするんだよね」

「たしかに僕は着陸のことは考えてませんね。でも学生が着陸のことを考えるのもおかしいとは思いますけど」

「うん。清野くんに運営のことを考えろっていうわけじゃなくて、学生支援部門にも事情があるってことだよね。どちらが正しいということじゃなくてね。清野くんは、どうやって飛んでいくかについてよく考えていると思うよ」

こんな内容で面談は終わったように思う。

しかし僕は納得できなかった。僕は学生支援部門の内情を理解していたし、それを汲み取り、シンポジウムでも経営協議会でも発言してきた。大学側が、学生に言ってほしい言葉を大勢に向けて発表したし、僕が本当に言いたことは、形を変えて言ってきた。いわば僕は、学生支援部門の立場を尊重して「着陸」しやすいように活動してきたのだ。

もちろん、事務補佐員さんの言う通り、学生と学生支援部門のどちらかが「悪い」という話でないこともわかる。どちらも自分たちに必要なことをしているし、よく考えている。だからときには、学生と学生支援部門が衝突するのも仕方ない。それぞれの立場があるのだから、それは問題でない。

しかし「学生のために」という御輿を担ぎながら、学生の主体性や自律性を損なっているのは間違いだ。それは仕方のないことではない。避けなければならないことだ。少なくとも避けようとすべきことだった。

結局のところ、学生支援部門は「学生のため」という言葉を使いながら、自分たちの組織を維持しようとしているに過ぎない。学生の成長よりも、ポストや予算が問題なのだ。

「学生のために」という言葉は、はじめは、申請書に書いたひとつのフレーズだったのだろう。

それが予算取りの作文だったのか、本気で書いたのか、僕には分からない。しかし現状としては、「学生のために」は都合の良い看板になってしまっている。

いずれにせよ、これが大学組織なのだ、と僕は思うようになった。学生の方を向いているのは、ごく一部の教職員であって、その教職員も人事や予算に逆らうことはできない。人事や予算に逆らってほしい、ということではない。学生教育を正当に評価する基準が大学に無いことが問題なのだ。

グループをうまくまとめられなかったことや、大学組織に希望を見出だせなくなったこと。この二つが重なり、僕は問題を解決したり、他人に働きかけたりすることへの意味や価値が分からなくなった。何を原動力にして、ここまで頑張ってこられたのか分からなくなった。

するると、まるで灯火が消えてしまったかのように、様々なものへの興味がなくなった。何をするにしても「これくらいでいいだろう」と考えるようになった。というより、考えること自体がなくなった。状況に流されるままに、そのときすべきことを最小限行うだけで済ませた。学年が上がるとき、裏通信も作るのをやめた。

この奇妙な無風状態は長らく続き、それが今ではひとつの宿痾（しゅくあ）となっている。

つぶやき…

部門という小さな組織の中でさえ、学生支援の価値観や目的の共有がなされていなかった事が、学生に見透かされていたということですね。
学生に舞台裏を見せてはいけないという思いと、逆に舞台裏を見せて学生なりに現実を見て考えてほしいという思いが錯綜していました。学生支援GPをうまく執り行うためには舞台裏やもめごとなど見せる必要のないことですが、組織や人が抱える素直な葛藤を見せて今後の経験に生かしてほしいと思えばむしろ必要なことといえます。そのスタンスの違いそのものが学生たちに困惑を与えてしまったのでしょう。

3　学部での日常

平成二〇（二〇〇九）年四月になり、僕は三年生になった。教養キャンパスに向かうことは全くなくなり、学生支援ＧＰとの接点もますます薄れた。それに伴って、グループのまとめ役からも降りた。そしてメールに返信することも少なくなった。

何かに打ち込むということはなくなったが、学部での勉強は、ついて行くだけで大変だった。僕は、大島先生の勧めで研究を始めており、三年生から解剖実習も始まった。病理学の講義も課題が多く、多くの時間を取られた。なんとかやっていくだけで精一杯という感じだった。

そして、僕にとって研究は息抜きだった。あれもしなきゃいけない、これもしなきゃいけない、という中で、研究だけが自分のペースで作業をすすめることができた。試料を黙々と切って、何も考えずに作業に没頭できた。

そのときの僕は、インテイクの時期だったのかもしれない。学生支援ＧＰでは、自分の中にある引き出しをすべて開けて、たくさんのものを使って、冊子なり発表なりを作ってきた。『Ｂ４５４』の発刊までの経験で、僕はそのときの自分自身の鉱脈みたいなものをあらかた探し終えてしまっていたのだろう。今度は、入れる作業をしなくてはならない。

その手始めが研究だった。試料を切っている間は何も考えない。黙々と作業に没頭し、何千、何万枚と試料切片を作っていく。目に見えてプレパラートは増えていき、標本の箱がつまれていく。僕は、そうした「成果」に何となく安心したものだ。作業した分、時間を使った分だけ成果が残る。

同じように、解剖実習も地道な作業だった。まずは教科書でとにかく予習。どこに何があって、どこへ向かうか。どう重なり合っているのか。教科書の筋・骨・脈管・神経の単元を行ったり来たりしながら、全体像を把握する。とにかく予習が大事なのだと繰り返し教えられた。

解剖実習を担当しているのは大島先生だ。先生が言うには、自分の頭に入っている構造を剖出するのが解剖実習だそうだ。そのために予習をしてきなさい、と。

病理学での組織像スケッチもなかなか大変だった。実際の見たままを書いても意味がなく、あるべきものをあるべき姿で描かなくてはならない、と習った。スケッチというより、絵を使ったノートのまとめのようなものだ。

日に日に座学が減り、実習が増えた。何度も何度も同じ作業をして、体を動かして勉強していく。とにかく地道な作業の繰り返しが、技術の裏打ちになる。少しずつではあるものの、自分が専門的な技術を身につけていくことを実感した。

こうしてあっという間に季節が流れ、もうすぐ夏休みになろうとしていた。少しずつ進めていた研究では、ある程度のデータが集まっていた。そこで大島先生の提案もあり、学会で発表することになった。それもオーラル（口頭）とポスター、両方での発表だ。通常、学部生が学会で発表するとなると、まずはポスターだけでの発表となる。ポスターの脇に立って、質問があればそれに答えていく。質問者は、自分より遥かに能力の高い先生方になるわけだから、ポスター発表でも緊張はする。しかし、やはりオーラルほどではないだろう。いきなりオーラルで発表させるというのは、いかにも大島先生らしい。「両方やっちゃえば？」と気軽に言って、その場で僕を学会員に登録してしまった。そして「会場も新潟で丁度いいし、何事も経験だよ」と笑いながら言って、教授室へと戻った。浜島先生が「大島先生は、大変な仕事でもさらっと投げてくるんだよねぇ」と言っていた意味がようやくわかった。

それからというもの、学会に向けて、さらに試料を集める作業が続いた。僕の研究は、試料作成そのものに時間がかかるし、夜十時まで続く解剖実習でヘトヘトだった。

つぶやき…

研究は地道な作業ですが、適切な目標の設定と指導があれば、努力(仕事)量が成果の質を決定します。
学生支援部門の居室であるB４５４教室に来なくなった清野君が大島先生のところで元気にやっていたようで何よりです。いずれにせよ、大島先生はブレていないですね。

4　学会発表

学会が目前に迫ると、しなければならないことが次々と出てきた。写真をとって、ポスターを作って、スライドも作る。細かいところを修正すると、それに合わせて別の部分も修正しなくてはならなくなる。冊子作りでも言えることだが「大体終わったな」と思ってからの時間の方が長い。

僕は自宅で発表の練習を繰り返し行なって、発表時間の感覚を把握していった。研究の背景や、手法を説明していると思ったよりも時間がなく、本論で内容をいくつか削った。

学会当日は、早く会場についてしまった。なかなか落ち着かない。発表の時間はまだ先なのに、やはり緊張していて、手持ち無沙汰なのに本を読むような余裕はなかった。かと言って、ポスター発表のブースもまだポスターの掲示がなく、印刷しておいた発表スライドを眺めているしかなかった。

そして大島先生と合流し、発表が行われている講堂へ移動した。自分の発表を待ちながら、前の発表者たちの研究を聞いていた。やはりというか、分子生物学的な手法・研究がほとんどで、自分のようにマクロなものはなかった。

いざ自分の番になると、緊張のせいか、逆に頭の中は静かだった。登壇すると、机の発表者側には、残り時間が表示されていた。

いざ発表が始まると、僕は聞いている人たちにできるだけ目を向けるようにし、ゆっくり話そうと心掛けた。原稿は用意していたが、いつものように暗記はしていない。押さえるべきポイントを、押さえるべき時間に話せば良い。

実は、練習では時間ぴったりくらいに終わっていたのだが、終盤で時計を見ると一分ほど余裕があることに気が付いた。これはラッキーと思って、最後まで削るかどうか悩んでいた部分にも触れることができた。

結果として、練習よりも良い発表ができた。ひとつだけ意図のわからない質問をされて、その人が聞きたいこととは違った回答をしたが、全体的にはよどみなく受け答えができて、無事に発表を終えることができた。

発表を見ていた大島先生も「いやあ、さすがだね。削ったところの説明までできて立派だったよ」と褒めてくれた。そして僕が答えられなかった質問について、「こういうことを言いたかったんじゃないかな」と補足してくれた。

それから僕はポスター発表会場に向かって、色々な先生方と質疑応答した。実は、僕の研究の基になっている研究をされている先生が質問してきたのだが、僕は顔を知らなかった。失礼なことに、基礎的なところから説明してしまって、あとから「あの人が、あの論文を書いた先生だよ」と教えられた。

学会での発表は、素晴らしい経験だった。他の人の研究を見ることも面白かったけれど、なにより居心地が良かった。どの先生も紳士的で鷹揚としている。企業勤めのひとには、なかなか出せない雰囲気があった。ずいぶん風通しの良い世界なんだなと感じた。

学生支援ＧＰでの窮屈な世界と比べると、研究の世界は静かで広いように思えた。

かたや学生支援ＧＰはというと、グループは、少しずつではあるが冊子作りを進めているようだった。僕にもいくつか仕事が割り振られたという内容のメールが届いていた。

それにしても、彼らがなぜ冊子を作っているのか不思議だった。僕には、冊子作りを嫌がっているように見えていたのに。

時折アップされる草稿を見ると、明らかに質が下がっていて、新しい試みは見られなかった。さらにその頃には、いくつかのグループが、独自に冊子を作っていたので、僕らが他グループの特集を組んでも意味がない状況になりつつあった。このままだと、僕のグループは潰れるなと思った。

つぶやき…

研究は個人的な作業ですが、色々な人の意見や批評に耳を傾けることで、自分の研究の問題点を認識するばかりでなく、多面的な見方ができるようになり、結果として自分の考えに柔軟性を与えてくれます。学会発表は論文作成前の重要なステップです。

初めての学会報告は緊張しますね。私も昔のことを思い出しました。何を話したのか覚えていませんが。私も区切りがついたので、学会報告を再開しました。

5　はじめての地域活動

学年が上がって、メンバーそれぞれが忙しくなった。僕だけでなく、グループ全体が、学生支援ＧＰへの意欲が低下していた。半ば義務として、広報誌を作っているような状態だった。

僕が抜けて、メンバーは、目の上のたんこぶがなくなったように感じていたかもしれない。しかし良くも悪くも、グループ活動の原動力は僕だった。僕が抜けることで、メンバー間の緊張関係は軽減したが、グループを牽引していく力も失われた。そのため、目に見えてグループは衰退し、過去の踏襲だけがグループの存在意義になっていた。

結局のところ、広報誌を制作するという枠組み自体、僕の用意したものなのだ。形を真似ても意味がない。グループが結束して、士気を高めるためには、僕とは違う土台から、新しい価値観を立ち上げる必要があった。

しかし、それに気が付くようなメンバーはいなかった。

そんな中、他大学の学生支援GPを見学するという、二泊の地域活動の企画が持ち上がった。行き先は、秋田県立大学だった。

以前から、「どこかのグループについていくのではなく、自分たちで行き先を決めて、取材に行きたいよね」と僕たちは話していた。それに、今後の活動についても時間をかけて話し合わなくてはならない状態だった。そんな僕たちにとって、秋田県立大学行きは朗報だった。

口には出さなかったが、この研修が最後の活動になるだろうと、みんな考えていただろう。なし崩しでグループを解散するより、最後に「これでおしまい」と言えるものがほしかったのかもしれない。

僕も、最後の機会だと思って、この研修に参加することにした。

同時に、僕は個人的な目標も定めた。このグループを立ち上げた当初、僕は「学生の成長とは何か」と考えた。それを軸に活動を続け、考えを深めてきた。しかし学生支援部門との軋轢と、メンバーとの不和が重なり、僕は活動を放棄した。しかし、この研修でそれをもう一度確かめようと考えた。

準備を進めて、平成二一（二〇〇九）年の冬に秋田県立大学を訪問した。大島先生も同行され、一日遅れて浜島先生も来られた。

行きの電車内では、大島先生が「こないだ東南アジアに行ったんだけどね。やっぱり日本って、いい国だと思ったよ。変なところは色々あるけど。それに日本の街はきれいだよね、やっぱり」なんて話をしている。僕らも自分たちのことを話す。すると不思議なもので「あれ、この研修って楽しいのか?」なんて思えてくる。

もしかしたら僕だけが意気込んで参加しているのかもしれない。みんなは案外、楽観的に考えていて「チームなんて、なくなるときにはなくなるさ」と思っているのだろうか。夜遅くにホテルに着くまで、楽しい移動時間が続いた。

日が変わる頃にホテルに到着したこともあって、僕らは風呂に入ってさっさと寝ることにした。やっぱり、こうして一緒に行動するだけでも、グループは結束するのかもしれないなと僕は寝るときに思った。

僕らはずっと個人作業でここまでやってきたけれど、それが原因でうまくいかなかったのかもしれない。キャッチボールでもバドミントンでも、何でも良いから、一緒に体を動かして、同じ時間を共有するのが大事だったのかもしれない。

眠りに落ちる前、僕はそんなことを考えていた。

つぶやき…

清野君は「部門との軋轢」と「メンバーとの不和」という困難に立ち向かっていた訳ですが、社会に出ても困難が重なることは起こりえます。「学生の成長」という観点からは、貴重な経験をしていると言えます。

秋田県立大学への訪問は、学生支援部門での同意をとるのに苦労しましたが、やはり皆さんの実績があってこそ、認められた企画だと思います。他大学に学生と一緒に行き、刺激を受ける(むしろ、他大に皆さんのレベルの高さを見せつけたいというのが本音だったのですが)ことが私の夢でもありました。目的をもって参加してくれただけで、私は満足です。

6 これまでやってきたこと

研修の二日目は、秋田県立大学の取り組みを見ることから始まった。はじめに「この土地で何でもしていいんですよー」と取り組みの説明をされた。「あそこの山あたりまでが大学の土地だね」とかなり遠くを指さしている。とにかく土地が広く、見て回るのに車を使ったほどだ。山も少なく、見通しが良い。これだけ広い場所で活動を続けると、考え方も違ってくるのかなと思ったりもした。

この日の午後にはビオトープというものを見せてもらった。説明を聞くと、これが秋田県立大学の取り組みだそうだ。土地を使って、農作物を育てることも取り組みのひとつなのだが、そちらは学科の取り組みだった。学生支援GPでは、このビオトープがメインの活動になっている。

ビオ（バイオ）は「生物」、トープは「場所」を意味しており、生物環境とでも言うのだろうか。秋田県の八郎潟がよく知られているように、ビオトープを作り、水辺の環境を再現・観察しているそうだ。

その広さは、車が二〇台ほど入る駐車場くらいあった。池を中心として、コテージやベンチが配置されている。驚くことにこのコテージも自作だという。むしろ、コテージを作るのがこれまでの活動で、池に水を引いたのは最近のことだそうだ。

話は前後するが、ビオトープ見学の前、午前中に学生同士でのディスカッションを行なっていた。テーマは「学生の成長とは何か」。僕がずっと考えてきたテーマだ。他大学の学生がどう考えるのかを見たかったのだ。

二年生の平成二〇（二〇〇八）年冬、つまり一年前に僕は、シンポジウムで同じテーマを話した。それから僕は活動を離れ、学生支援GPに期待することをやめた。そして今、これまでの活動を振り返るために同じテーマを掲げた。

結論から言えば、ディスカッションは、とても良いものになった。自分たちがどんなことをしてきたのか、これから何をしようとしているのかをお互いに話した。そうすることで、自分たちの活動を客体化することができたのだろう。成功したこと、失敗したこと、苦戦していること、僕たちは率直に話し合った。予算がどうだ、部署がどうだという雑音はない。彼らと僕らとでは、活動内容は違っていたが、目的に向かう充実感は共通していた。そして、それこそが学生支援ＧＰの本質なのだと改めて感じることができた。

そうだ。これだ。目標を決めて、そこに到達する方法を考え、そして試行錯誤する。それが学ぶということなのだ。

講評では、秋田県立大学の先生にこんな言葉をいただいた。「成長とは何か。その質問を投げかけること自体が素晴らしい」と。

このディスカッションを通して、僕はようやく自分のやってきたことが報われたように感じた。「成長とは何か」というテーマだけで、これだけ議論しあえる学生たちがいるのだという事実に心を打たれた。学生支援ＧＰを続けてきて良かったと、初めて思えた。

僕の活動は、このディスカッションに結実したと言える。自分が面白いと思うものについて語り、相手も同じように語る。互いに「ああ、それはいいね」と言い、互いに何かを持ち帰る。お互いに、良い変化を与え合える。これはまさに僕の目指したものだ。

この研修は、僕にとって、奇跡とも言える到達だった。

つぶやき…

議論は自分のメッセージを明確化することを可能にします。「学生の成長とは何か」というテーマを議論することを通して、共通の価値観や意義を共有できたのは良かったですね。

皆さんは二泊三日でしたが、私は一泊二日の日程で参加しました。皆さんが一泊後朝から活動している中、新潟から秋田に向けて移動したため、そのディスカッションの場には立ち会えませんでした。

着いたら、皆さんが記念撮影をしているときでした。学生と大島先生の充実した顔から、よい議論ができたのだということはわかりましたが、同じ場に入れなかったことにただただ残念です。

7　そしてグループの解体

その日の夜、僕らはミーティングを開いた。秋田県立大学の活動に刺激を受け、ディスカッションも成功した。何だか、またやっていけるんじゃないか、という予感もあった。メンバーはそれぞれ「いい会だった」と口にしていた。

しかし、この夜のミーティングで、グループはあっけなく解体した。

自分たちが設定した活動方針が良いものであると、ディスカッションで確認できたのにもかかわらず、僕たちのグループは再生できなかった。

というよりも、僕が再生を諦めた。これまでは「もしかしたら」という思いを捨てきれずに、活動を続けてきた。しかし、このミーティングでわかったことは、無情な現実だった。僕は、グループに期待することを完全に諦めた。

グループの運営について話し合ううちに、基本的なルールを守ろうという話になった。しかしあるメンバーは「意見の押し付けだ」と言い、他のメンバーは「タイミングが悪いからメールの返信ができないのだ」と言った。

僕は残念だった。二年半も活動をしてきて、まだそんなことを言っているのか。

僕がリーダーをやめ、自分たちで活動を続けてきたはずなのに、まだそんなことが言えるのか。

僕はリーダーとして不適格だったが、努力はしてきた。チームマネジメントについての本を読み、試行錯誤しながら実践した。相手の立場になって考えるために、メンバーの意見や、彼らの学部での忙しさに耳を傾けた。冊子作りに対する意見やアイデアを出すために、ゲーム性を取り入れたり、ミーティングが苦痛にならないように気を配ったりした。仕事を割り振り、依頼するときには、相手の動機を作るよう意識した。僕がいない方が話しやすいこともあるだろうと思い、3回に1回はミーティングに出なかった。そして文章校正や写真の色調補正、レイアウトの微調整など、本当に面倒で手間と時間のかかることは全てひとりでやった。それを二年続けてきた。

しかし、この夜のミーティングを通して、僕の努力は無駄だったと、はっきり分かった。

確かに、僕は頑固で頭の固いところがある。しかし僕だけが悪かったのだろうか。僕は悔しかった。あれほど我慢して、やりたくもないことをして、時間も神経もすり減らして。こんなのあんまりじゃないか。

結局、グループの問題を解決しようと思ったのは僕だけだった。いや、問題があると認識していたのが僕だけだった。こうして、県外での研修中に、僕のグループは回復の見込みなく解体した。あるいは、とっくに解体していたという事実に、僕が気が付いた。

秋田県立大学でのディスカッションが、あれだけ成功したのに、僕らのグループは変わることができなかった。秋田県立大学の学生でさえ、ビオトープの生態系を維持するために、交代制で水の流れや作物の様子を見て回ることを厳守している。その上、学部では早朝から動物の世話もある。「面倒だけど、することをしないと何もできない」とみんな話していたのだ。僕らのグループは、何を聞いていたのだろう。

この文章を読んだら、彼らはきっと僕の文句を言うだろう。彼らにとって僕は、押し付けがましい独裁者なのだ。学生支援GPを通して、僕は、どれだけ時間と労力をかけても伝わらないこともあるのだと学んだ。努力する側だけが消耗してくのだと知った。

僕が狭量なだけかもしれないが、こういう人たちとはもう関わりたくない。

そして、この研修をもとに体裁だけの冊子を作った。言葉は悪いが、僕は「これでこの人たちと関わらないで済む」と胸を撫で下ろした。

つぶやき…

広報プロジェクトという性格上、メンバーの一人一人の身の丈にあったペースや完成度が許容されにくい環境にあったのでしょう。仕事であれば、与えられた仕事を締切内に完成させる等の当たり前の事が、他のメンバーには息苦しくなってしまったのですね。

秋田からの帰りの電車でのメンバーの皆さんの重苦しい雰囲気は、夜の学生だけのミーティングの結果だったのですね。私と大島先生は秋田県立大学の先生方と懇談をしている中、学生のみでハードな議論をしていたのですね。懇談後、私は温泉に入って、日頃の疲れをとっておりまして、なんとも申し訳ありませんでした。

8　長いプロローグが終わる

秋田県立大学への研修で、僕らのグループは土台から崩れた。しかしそう感じているのは、僕と同じ意見のメンバー

たちであって、反対の立場のメンバーにとっては、あまり状況は変わらなかったのかもしれない。意外にも、研修以降もグループ活動は一年以上続いたのだから。

そして、あっという間にまた学年が上がった。季節が巡ったのだ。僕は結局しがらみを断ち切ることができないまま、学生支援GPと何らかの接点は残っていた。本当はグループを公式に解散させたかったのだが、それも億劫だった。メンバーとミーティングを開くだけでも、多大な労力がかかる。

そしてさらに月日が経ち、四年生の冬、つまり平成二二（二〇一〇）年冬になると、学生支援GPの卒業文集を作るという企画が持ち上がった。どんな活動をしてきたにせよ、僕たちの学年は、学生支援GPに参加した初めの学年なのだ。これまでの活動の締めくくりとして、卒業文集を作ろう、という流れになった。

企画したのは僕のグループのメンバーで、これで最後の冊子にしようという意図もあったようだ。活動から離れていた僕のところにも、執筆の依頼が届いた。

僕は初めて、「忙しいから無理だ」と依頼を断った。実際に忙しかったのだが、簡単に言えば、書きたくない、やりたくないという本心に対する言い訳だった。そうか、あのときのメンバーもこんな気持ちで「忙しい」という言葉を言ったのかもしれない、と僕は思った。

結局、就職活動、卒業研究などで忙殺されている四年生にとって、卒業文集の優先順位は低かったのだろう。文章もあまり集まらず、卒業文集の体裁を整えることができなかった。そのまま、この企画は頓挫し、立案者たちも何もなかったかのように沈黙したまま、卒業していった。

僕はといえば、日々の忙しさから、学生支援GPに傾注していた頃とは別人のようになっていた。何かしたいこともなく、やるべきことを最低限やるだけで、そこから何かを学ぼう、何かを得ようという気概もなかった。それは、僕がグループ立ち上げのときに話していた「ベルトコンベアに乗るだけの学生像」そのものだった。

不思議な話だ。僕は、学生支援GPにかなりの時間と労力を割き、打ち込んできた。実績を作り、成果も上げた。

それでも僕は「失った」という感覚しか持てなかった。

何を失ったかはうまく説明できない。動機や情熱と呼ばれるものだろうか。僕としてはもっと根源的なものがなくなってしまったように感じる。

一言で言えば、腑抜けてしまった。困惑しているわけでも疲れているわけでもない。ただただ忙しいだけの毎日。状況だけが変わり、内面は変わらないまま、凝り固まっていく心。大事な部位をごっそり持っていかれたような空虚感だけが体の芯に重たく残った。

一方で、学生支援ＧＰから派生した教養科目が新設され、学生支援ＧＰの一部が単位化された。これで予算の融通もきくかもしれない。例の先生が考える「着地」に近付きつつあった。

僕は、学生支援ＧＰは本質を失い続けてきたと思う。既存の教育制度を補うような機能を確立することができなかった。むしろ、その機能を排除することで、うまく大学のシステムに同化できた。

こうして大学は変わらずに、これまで通り、少しずつ複雑さを取り込みながら、組織が肥大していく。

結局、自分は何がしたかったのだろう、と僕は思った。

つぶやき…

グループの他のメンバーは学生支援ＧＰの活動の優先順位が低かったのでしょうね。メンバーが他のグループにも所属していたことも影響していたのかも知れません。

明らかにメーリングリスト使用の回数が減っていました。また大島先生からの問いかけにも、ほとんど応じる学生がいませんでした。グループの栄枯盛衰から、そこにもまた私の無力さを感じました。グループに所属しているだけで、何もしないというのも、それなりにエネルギーを使いますので、やるだけやって完全燃焼してほしかったと思います。

第11章　振り返って思うこと

1　「育てる」教育
2　学生支援部門について
3　学生は何を求めているのか
4　コミットメントと物語
5　自立する強さと自立させる強さ
6　学生支援ＧＰの失敗からわかったこと

1 「育てる」教育

大学生は、小・中・高と、学校で様々なことを教えられてきた。大学でもそうだ。教員からすれば、教えるべきことは山ほどある。しかし、学生の能力や時間的な制限があり、教えられることは限られてくる。すると、教育の効率化が求められる。教育効果の評価もまた、効率良く行わなければならない。

その結果、教育者は、評価項目を羅列して学生を評価するようになった。評価の方法は主に、学生に試験を課すことで、学生の方も試験対策に多くの時間を割いている。

つまり、教員は、点検項目を確認していく技師のように、学生を評価する。そして、ネジの緩みを見つけては締め直し、それだけで済まない場合は、はじめから作り直す。

このようなネジ締め式教育は、効率的で公正だ。

しかし弱点もある。それは、試験や課題を出すのが、常に教員側ということだ。

講義や実習では、問題解決の手法を教えている。そして、試験を課して、その手法を正しく選択しているか、適切に使えているかを判断する。つまり、「これを解けるか?」と訊いているのである。

しかし実は、問題を作る方が遥かに難しい。誰にも解けない難問や、誰でも解ける問題を作ることは、易しい。しかし、半数が答えられない、みんなが半分までしか到達できない問題を作ることは、非常に難しい。つまり、何を問題とするか、どこに問題があるのかと考える方が、力がいるのだ。

現状として学生は、大学を卒業するまでずっと、問題解決能力を試される。もちろん実際には、予想外の困難はあるかもしれないが、基本的には「正解」がある中で、努力する。

しかし、社会に出れば、知らなければならないことも増え、人間関係も複雑になり、自分さえ変えることができなくなる。意味のないことも、しなくてはいけない。年もとり、病気にもなる。お金に頭を使うことも増えてくる。そんなとき、「ここを考えればいいんだよ」と教えてくれる先生はもういない。自分でやるしかない。物事に優先順位をつけ、情報を取捨選択し、自分なりの解答を出さなくてはならない。誰も「正解です」とは言ってくれないし、そもそも正解があるかどうかも分からない。問題はあっても、それを解決する手法が存在するかも不明だ。そう考えたとき、ネジ締め式教育だけでは不十分ではないだろうか。私たちには、問題を発見する能力も必要なのだ。問題発見能力と問題解決能力は、車の両輪なのだ。不揃いでは、進路が定まらない。

この二つの能力、いわば「自分を育てる能力」こそ、私たちが獲得すべき力なのではないだろうか。

そして、その能力を伸ばす方法こそ、僕は学生支援ＧＰだと思っていたのだ。「正解」の無い環境に学生を放り出して、自分たちで対処させる。もちろん、ある程度は、経済的な障害や社会的責任を目減りさせたイージーな環境ではある。しかし、そこで訓練を積んでおき、それから実社会に出るという過程は、リーズナブルだ。

問題は紙の上にだけあるものではない。形にはならない、明文化できない問題の方が、遥かに多い。それらは、環境ごと、ライフステージごとの課題として現れてくるように思える。私たちは、それらの問題を自分で掘り起こし、解決していかなくてはならない。

そういった意味で、私たちは教育というものを、もう少し広い枠組みで捉え直す必要があるのではないか。知識を教えることも、もちろん教育である。しかし、教育という文字がそうであるように、教えるだけでは不十分なのだ。私たちは、自らを育てていかなくてならない。

「育てる」ということに重きをおいた教育方法もあっても良いのではないか、と僕は思う。

つぶやき…

目的意識の高い学生には見守る教育は重要です。しかし、なかなか目的を見つけられない学生には見守るだけでは不十分で、まず行き先の決まったレールに乗せることも必要なのかもしれないですね。

学生のネジを締める大学教職員のネジは締まっていたのかというと「締まっています」とは即答できかねる、根性がネジ曲がっている私がいます。

2　学生支援部門について

学生支援部門は、学生支援ＧＰを統括する組織だったが、僕の見た様子では、どうも肩身が狭かったようだ。学務部、学生支援課、学務企画係というセクションに対して、「従」たる立ち位置のように思えた。

それが制度的に決められたことなのか、人員数の力関係でそうなってしまったのかは、僕には分からない。ただ、学生支援部門を統括される先生方の学内に対する影響力が、そのまま組織の立ち位置になっていたような印象がある。それは当たり前といえば当たり前かもしれないが。

では、本来、学生支援部門はどういう組織であるべきだったのか。どういう組織を志向していたのか。小説『キャッチャー・イン・ザ・ライ』で主人公ホールデンは、ライ麦畑で遊ぶ子どもたちを見て、こんなことを言っている。自分は、子どもたちが走り回っているうちに、崖から落ちてしまわないように見守って、崖から落ちたときは彼らを受け止めて、すくい上げるような存在になりたい、と。

学生支援部門は、ホールデンのようになりたかったのだろうか。浜島先生を見ていると、そんな気もしてくる。しかし、結局のところよくわからない。

学生支援部門を作った人は、学生支援GPが全学あげての取り組みであるのにも関わらず、すでにある組織体系を使わなかった。わざわざポストを作り、新しい組織を作り上げたのだ。そこには何か意図があったはずだ。しかし、その意図がよく分からない。

もちろん、新しいプロジェクトを専門的に扱うポストは必要だろう。しかし、既存の組織の中に新しいポストを用意した方がスムーズに物事は運ぶだろう。それをしなかった、という点が不思議である。

僕が想像するに、設計の段階では、学生支援部門はもっと大きな組織になる予定だったのではないか。文部科学省からの予算を前提としていただろうし、この取り組みは学部を超えた巨大なプロジェクトだった。そしてプロジェクトの特異性から、既存の枠組みには収まらない部分が出てくる。つまり、それまでと異なった人事と予算が必要だった。つまり学生支援GPには、全学部を横断し、独自に予算と人員を動かすことができる組織が必要になる。そこには、既存のシステムを飲み込み、統合するような強力なシステムが生まれる。

もし、そんなシステムを作り上げることができたとしたら、その設計者は天才的な業績を得ることになったのではないか。あるいは、設計者を追い出し、実際の運営をするようなポストにある人物が、その恩恵を受けるのかもしれない。どちらにしても、学内政治ではかなり優位に立てるだろう。多くの予算を動かすことは、多くの人員を動かすことであり、その逆も成り立つ。政治は力を集めることを志向しており、力とは、金と人である。

まあ、これは僕の勝手な想像に過ぎない。

しかし設計の意図がどうあれ、実際の運営において、学生支援部門は目前の業務に忙殺されるだけの組織になってしまった。人員が少なすぎたのだ。

どこでもそうかもしれないが、組織の末端に近付くほど、苦労が多い。末端に近付くほど、その場で対応しなければいけない仕事が多いし、末端を担うのは立場の低い者が多い。結局、理不尽な我慢を強いられるのは、末端になる。

理不尽だと感じるのは、その組織が向いている方向が分からないからだ。言っていることとやっていることが違う。だから末端は迷う。進んでいる方向が分かれば、問題があっても理不尽だとは感じない。向かい風や逆境があったところで、それは進むべき方に進んでいるためだ。理不尽ではなく、対処すべき課題として受け取られる。

学生支援部門は、どこに向かっていたのだろうか。ひいては、このプロジェクトを進めた大学はどこを向いていたのか。

大学一年の僕は、「学生支援GPは、大学という最高学府の実力を試すことになる」と書いていた。まさしくその通りになった。やはり、大学組織の末端にいる学生が、割りを食う結果になったが、これからの大学はどうなっていくのだろうか。大学はどこに向かっているのだろうか。

つぶやき…

学生支援の理念を実現するためには、仕組みも人材も不足していたのは事実でしょう。一番の問題点は教職員における学生支援の価値観と目的の共有の欠如です。

私がここにきて覚えた言葉「強き者に弱くあれ、弱き者に強くあれ」。しわ寄せは現場にきていました。現場を活性化させようと、もがけばもがくほど、出口が見えなくなっている感覚を覚えました。「余裕がほしい」とお願いして、「そんな余裕はない」と返された時、こちらにもくよくよ悩む余裕すらない状態で、明らかに思考が停止していました。私にはライ麦畑は似合いません。辛うじて、ライ麦パンをふつうに食すぐらいのことしかできません。

3　学生は何を求めているのか

物理的に遠くへ行くことで、自分のいた場所をよく理解できることがある。時間的にも、遠くにいると、「ああ、あれはこういうことだったんだな」と理解できる。物事から距離をおくことで、客観的に観察できる仕組みだろう。自己から離れることはなかなか難しいが、自分のいた場所、自分のいた集団から離れることはできる。そうすることで、自己を客体化できる。「自分探し」と言って旅に出る人がいるが、こういう原理が背景にあるのかもしれない。

学生支援ＧＰでも、学外に出て地域活動をすることで、得難い経験をすることができる。地域活動が多いグループは、継続性が強く、辞めていく学生が少ないという結果もある。自分を離れた場所から観察したい、自分が何者であるのか知りたい、そう思う学生が多いのかもしれない。

個人的な経験からすると、これまでの勉強と違った体験ができることは、面白かった。知識を得ることも楽しいが、それとはまた違った体験だった。

地域に出る、大学に戻る、また地域に出る。それを繰り返していくうちに、責任感のようなものが芽生えてくる。人の役に立ちたい、社会に貢献したい、あるいは、しなくてはいけないという気持ちになる。何と言うのだろう、背筋が正される思いがする。大学というのは、社会が豊かだから成り立っていられるのだな、と思いを新たにする。

ありがたいことに、地域の方々は想像以上に学生を受け入れてくれる。はじめのうちこそ、地域の方々も「何をすればいいんだ」と戸惑うが、世間話をしていくうちに、だんだんと慣れてくる。田んぼに水を入れるとか、ワラビが採れたとか、ありきたりの話をするようになる。そして学生が「一人暮らしだと山菜なんて食べませんねえ」と言えば「じゃあ食ってみるか」と話が進む。こうして学生は、いつの間にか地域と関わりを深めていく。

そして学生は大学に戻ってくる。戻ってくると、自分の生活圏、つまり大学を中心とした世界と、大学から離れた世界との相違にふと気が付く。「外に出て、大学に戻って、また外に出る」という行為のなかで、不思議と学生は育っていく。教員が何かを与えたわけでなく、学生も勉強しようとは思っていない。でも不思議と育つ。植物が芽を出し、根を張るように。

自分ですら意識しないまま、新しい自己が形作られるという体験は面白い。これは、教員が準備してくれた成功体験や、誰かの基準をクリアする達成感とは違っている。世界の外縁がいつの間にか広がったような、山頂から下界を見下ろすような気持ちと似ている。広い視野から得られる爽快感だろうか。

先にも書いたように、ネジ締め式教育が優先されている現状では、学生はやはり窮屈なのかもしれない。正しいもの、正義なるものでもって評価され続けているのだから。その上、ひとたび社会に出れば、正しいものなんてない、正義などない、と言われる。大人たちに「甘いもんじゃないぞ」と散々脅される。

だからこそ、学生支援ＧＰにおいて「自由に悩んでいいよ」という状況が学生には嬉しい。子供と大人の間に緩衝地帯を設けて、そこで試行錯誤できることがありがたい。

外部から与えられる正しさではなく、自らにある正しさで行動し、それにきちんと結果が出てくる。それを繰り返し、自らを育てる。つまり、学生は「失敗しても学べる」という当たり前の状況を望んでいたのではないか。そう考えると、学生が生来的に持っている「育つ力」を揺り動かすこと。その歓びに気付くこと。これが現在の学生にとって、本当に必要なものではないだろうか。

つぶやき…

「地域に出て、大学に戻って、また地域に出る」という行為のなかで学生は育っていく様は、人間的な成長に「地域の教育力」が有効な方略であることを示しています。学生支援GPの最後の時期に、地域活動以外を切り捨てたのも、ある意味有効な方略だったのかも知れません。

学生が、「物事に関心をもち、それを自ら調べ、まとめあげ、説明することができる」、これができれば確実に成長します。大学と地域は、そのための機会(場所)を提供することに徹すればよいのです。ただ、双方とも自分の利益が優先して、学生への優先順位が下がってしまうから、歪んでしまうのです。歪んでも、歪んだことに気づかない(気づかないふりをする)のが大人のもっているスキルです。それを正せるのは、成長を求める学生のピュアな行動しかありません。

4　コミットメントと物語

大島先生は、よく「コミット」という言葉を使われる。commitment(名詞)とは、辞書的には、約束、義務、献身、関わり合い、参加、実行という意味だ。僕は、「意思を持って、そちらの方に向かう」という意味で理解している。あるとき、僕とYそして大島先生とで、「成長とは何か」と議論したことがあった。そのとき大島先生は、「物事に深くコミットすることが大事なんだ」と言われた。その言葉には、単に「主体的に関わる」という意味以上に、責任をもつこと、困難を引き受けること、という意味も込められているように感じた。

実は大島先生の言われたコミットメントの意味を、自分なりに消化したのは議論をしてしばらく経ってからだった。

議論をしている間は、コミットすることを「積極的に関わる」という意味で捉えていた。「立ち向かう」や「分け入っていく」というニュアンスに近い。かなりアクティブな動作を想像していた。大島先生は、そういう意味で使われていたと思う。

しかし僕にとって成長とは、それほど能動的な動きではないと感じていた。そしてあるとき、「引き受ける」という言葉を思いついた。物事を引き受ける、責任を引き受ける。パッシブな状態の方が、僕にとっての成長に近いように思えた。

それはおそらく、僕の方が日本的な性質を持っているためだろう。川は氾濫するものとして、橋を作る。地震は起こるものとして、ビルを建てる。壊れないものはない、変わらないものはない、という諸行無常的な価値観が、僕には根深い。

その点、大島先生はもう少し西欧的だ。実際、海外で生活されていたし、ずっとアカデミズムの世界にいる。この世界は、問題を切り分け、細分化していく要素が強い。まるで、強力な武器を持ち、怪物と戦う英雄のように。そして怪物を倒し、宝物を獲得する。これが西欧的な成功、成長のイメージではないだろうか。大島先生の考え方は、このような西欧的要素が、僕よりも少しだけ強い。

このような細かい部分での相違はあるものの、大島先生と僕の意見は同じだ。責任をもったり、時間とお金をかけたり、ある意味、代償を払って物事に関わるとき、ひとは成長するのだ。責任もなく、ひとに言われるままに動いていても、あまり成長しないだろう。

もちろん、責任もなく言われた通りに動いても、スキルは磨かれる。それも、ひとつの成長ではあるが、あまり本質的とはいえない。僕が学生支援GPで目指した成長というのは、もっと抽象的だ。特定の組織、特定の状況に適応させるものではない。僕が思っていいのは、いわば、価値観や人格の形成に言い換えられる。

幼い頃の価値観は、好きか嫌いか、損か得か、という軸が優勢になってしまう。恐れを知らないというか、厚顔無恥というか、ついつい自分本位の考え方で動く。しかし経験を積むと、もう少し視野が広くなり、「将来のために、今は損をしておく」という行動がとれるようになる。考え方次第では、どちらにしても自分本位なのかもしれないが、その場で見れば利他的であったり、自分が損をしたりするような選択をとるように変化していく。

このように、短期的な好き嫌いでの行動を超えて、それが社会的に通用するのか、自分には可能なのかという試行錯誤を経て、オリジナルの価値観とそれを支える知恵を身に付ける。それが僕の言う成長なのだ。

それはまるで、自分自身の物語を書くようなもので、個人の考え方、ものの見方や想像力に大きく影響を受ける。他人の価値観や判断基準に依存していては、自分の物語を書くことはできない。

そして、自分自身を知るためには、他人を鏡にするしかない。それが、物事に深くコミットするということだ。物事に深くコミットし、自分自身の物語を書き続けること。それが成長するということだと僕は思う。学生支援GPは、この物語を書く力を育む取り組みではなかったのだろうか。

つぶやき…

自分の置かれた環境をポジティブに捉え、目の前の仕事に精一杯コミットしていくこと(コミットメント)が、人間の成長に欠かせないプロセスであると確信しています。

大島イズムは清野君に着実に浸透しています。残念ながら、私にはそれほど浸透していません。

5　自立する強さと自立させる強さ

ネジ締め式教育の利点は、効率良く多数の人間を評価できる点にある。そして、ネジ締め式教育をパスしてきた人材には、共通した能力が備わることになり、ある一定の品質が担保される。しかしこの方法は、非効率的なものや、個性的なものを育てることには向いていない。

貧しい時代には、限定されたリソースを皆で分けるか、強者が奪っていた。はじめは体力的に勝っている者が優位であり、次第に知的に勝っている者が優位になった。そして、日々起こる問題が暮らしに直結していて、それをしないことには生きていけないという時代を経て、目の前の問題は他の誰かが片付けてくれるという裕福な時代になった。現在の私たちは、水や食料、住居を確保する苦労をせずに済むし、突然の暴力に曝されることもほとんどない。

しかし現在も、しなければいけないことはたくさんある。余裕ができた分、以前は考えずに済んだ問題を扱わなくてはならなくなった。それが現代の労働である。

それでも、技術の進歩で労働は減るだろう。繰り返される作業や、日々のルーチンワークは機械に置き換わる。すると私たちは、人間にしかできないことをするようになる。それは、個性をもって生きることだ。

ネジ締め式教育は、特定の問題に対処できる人材を効率良く育成するための仕組みだ。しかし、問題解決の手法が蓄積されるにしたがって、システム化していく。システム化されたものはルーチンになり、人間が行うべき仕事ではなくなる。したがって、特定の領域だけを扱う専門家は次第に減る方向に進む。その代わりに、複数の領域、それもこれまでは関連のなかった領域同士を結びつけるような人材が必要になるはずだ。あるいは、多数の人材が集まれないような、先端的領域で働く人材が生き残る。

つまり、肩代わりできない、交換できないような仕事が人間の仕事になる。しかしその段階に至るまでの間、交換可能・代替可能な仕事をする人は流動的に消費されていくことになる。機械化されるまでは、人間を使うしかない。特定の領域に所属するだけで仕事になった時代は終わり、複数の領域を扱う仕事が増えてくる。様々な領域の壁が無くなり、交換可能なものはどんどん取り替えるような時代になる。

そのような時代の中で、個性をもって生きることが課題になるのではないかと僕は思う。もしかすると、僕が知らないだけで、もうずいぶん昔から個性化は課題になっていたのかもしれない。だからこそ、学生支援ＧＰの理念に「学生の主体性を育む」という言葉が使われたのだろうか。

個性化が課題になる、という言葉は使わなかったが、大学一年の僕は個性をもって生きることを意識していた。それは、「成長とは何か」や「試行錯誤の場を作る」という活動テーマから伺える。あのときは単なる予感に過ぎなかったが、こうしてあとから振り返るとリーズナブルである。

そして、既存の枠組みに擦り合わせることで生き残った学生支援ＧＰのことを考えると、個性化の過程を支えるには、現在の大学は力不足と言わざるを得ない。学生を自立させるだけの余裕はなかった。国立大学が力不足であるということは、日本にも余裕がないということだろう。個性化が進むのはもう少し先の時代になりそうだ。

そして、学生自身も力不足だった。恵まれた境遇の活かし方が分からない、自由に手を伸ばす勇気がない、責任を負いたくない、という場面をよく目にしてきた。できれば籠の中の鳥でいたい、柵の外には出たくないという動機が見え隠れする。設計や仕組み、人員が学生支援ＧＰには不足していた。同じように、学生の側にも意識上の不足があった。この企画を充分に活かすためには、自立する強さも、自立させる強さも足りなかったのだ。

つぶやき…

多様な価値観をもつ教職員を抱える大学が、真の「学生のための学生支援」を実現するためには、構成員の意識改革を導く強い信念とリーダーシップが必要なのでしょう。

公共悪の排除、防犯カメラ・監視カメラの設置、法律・条例の強化……。私達が暮らしやすい社会にするために行動していることが、かえって自由や個性を奪うことにもなっていることにも目を向けてほしいと思います。現行のシステムのメリットとデメリットを、多角的に自由に議論しあえる雰囲気が大事なのですが、総じて言論の自由も現行のシステムに依存せざるをえません。ブレイクスルーとしてシステムを超えた「異端」の存在は貴重ですよ（排除されがちですが）。

6　学生支援ＧＰの失敗からわかったこと

この学生支援ＧＰは、当初の理念を維持することはできなかった。プライオリティの上位にあるビジョンの実現に失敗したわけだ。そうなると、この企画は失敗したと言っても良いだろう。

学生自身も、相当弱っていることがわかった。長いネジ締め式教育の結果、自分の足で立つことができなくなってしまった。そして、それを回復させるためのリハビリにすら耐えられなくなりつつある。

大学も弱体化している。弱体化・固定化している。組織の慣習から生じたローカルルールの遵守が重視され、新ルールの制定はおろか、ルールの改善もなかなかできない。

組織の末端にいる人間にとっては、大学のシステムは窮屈だろう。しかしルールを変えると、一部のひと・部署に負担をかけてしまう。ある意味、ルールの改善すら不平等を生んでしまう。そのため、組織の維持のために、誰も得をせず誰も損をしないような微妙な決定しか下せないことになる。末端の人間は「また意味のない決まりが増えたよ」と不平をこぼし、決定を下したひともまた、「他のやつが文句を言うからだ」と嘆く。皆が被害者になる。

こうして、ネジ締め式教育で平均化していく学生たちと、組織優先の価値観で動く教職員たちを見比べると、どこか似ている。それは行き過ぎた平等性、均質性の被害を受けている点だろう。言い換えると、価値観の基準が集団にあり、個人にはないということだ。

しかし単に、価値観の基準を個人に持ってくれば良い、とは言えない。集団と個人、どちらかが優れているわけではない。集団に重きをおいた価値観も、個人に重きをおいた価値観も、どちらも大事にしていかなくてはならない。単に集団的なものに反抗するだけでは何も進歩はない。それは個人的なものだけを肯定することになり、結局は不十分なのだ。必要なことは、集団的価値と個人的価値のバランスをとることである。

最終的には、バランスをとるというよりも、集団も個人も活かすような価値観を創造しなくてはならないのだろう。今日は個人、明日は集団という、振り子のようなバランスの取り方ではなく、もう少し別の考え方をしなくてはいけない。個人に振れているようで、集団にも振れている、集団を優先しつつも個人を活かす。パラドキシカルで、禅の公案に似ている。平衡点自体が動いているようなバランスの取り方になるだろう。

そのような、高い統合性をもつ価値観を私たちは創造しなければならない。それも個人の資質に合わせた自分だけの価値観でなくてはならない。

こうして言葉にして振り返るとはっきり理解できるが、学生支援ＧＰには、大学組織に存在する問題を解決する可能性すらあった。しかし、学生支援ＧＰが現行のシステムに取り込まれたことから、均質化の作用がいかに強力だったか、個性化の課題がいかに困難か明らかになった。

僕自身、学生支援ＧＰから離れることでしかこの問題に対抗することができなかった。しかし、僕はこの問題を取り込み、消化して、物語を書き進めなくてはならない。この文章が、その一助になっていることを願う。

つぶやき…

学生支援ＧＰの理念を学生に伝える事が出来なかったのは部門の大きな反省点です。

「失敗」の認識、「組織」への不満は同感です。ただ、忘れてはいけないのは、私たちもアクターの一人（関係者）であったことです（しかも中枢的な部分にいましたし）。ということは、被害者でもなんでもなく、むしろ共犯関係にあったのです。誰かの責任ではなく、私たちが招いた責任でもあることを自覚し、真摯な自己批判を通して、同じ過ちを繰り返さないことに努めたい（そのような形でどこかのお役に立ちたい）と思います。個人的にはここでのことは忘れたいことばかりなので、どこか遠くでやりなおすことができるならば、その機会をいただきたいです。ということで今に至ります。

終章：学生支援に必要な条件（浜島幸司・大島勇人・清野雄多）

1　これからに向けて

第1部から第3部では、私たち三人がそれぞれの立場から学生支援GPで経験した事実と、感じた思いを記述した。同じ現象でも立場や見方が変われば、受けとめ方も異なる。したがって、あくまでも、これらは私たち三名の個別の経験と思いであって、一般化したことを述べたものではない。しかし、個々の経験を集約し、そこに共通点・因果関係が見られるのであれば、一般化することも可能であろう。浜島が習得してきた社会科学の方法として、このようにしていくつかの社会的事実を収集し、ある枠組みのもとで冷静に分析することで、これまでになかった知見を得ることができる。

振り返れば振り返るほど、この学生支援GPは意図しない結果（ときには浜島が書いているようなミスマッチ）が重なっていき、文部科学省の事業期間終了に至った。たとえ理念が崇高なものであったとしても、実践はそのとおりいかず、絵に描いた餅の側面は否定できない。

学生支援GP終了後も同様の業務を遂行していた浜島だけでなく、私たちは皆すべきことがあると感じている。それは、望まれるべき実施可能な学生支援について提言することである。今回の学生支援GPは、多大な時間・費用・人間関係という資源を投下した一大プログラムである。プログラムに深く関わった三人は、「あとだしジャンケン」で言い訳だけを述べるのでなく、学生支援GPの経験を社会に還元したいという気持ちを強くもった。最後に、私たちが描く学生支援成立の条件について触れたい。

念のため、私たちの学生支援GPでの立場を再度確認しておきたい。私たちはこの学生支援GPの「被害者」ではない。確かに、浜島や清野の章にあるように、不本意な経験をしてきたのは事実であるが、学生支援GPを率先した「実行部隊」であり、その意味ではむしろ、「加害者」であり「共犯者」というニュアンスのほうが濃い。大島は初代学生支援部門長として、浜島は学生支援GPによる雇われ専任教員としてプログラムを担当してきた。清野は初代の参加学年の一学生として、多くの役割を担ってきた。ときに好ましくない結果が予測されていたとしても、その勢いを止めることができず、最終的には「全体の方針」として実行に移した。浜島に言わせれば、「盲目的に業務遂行していたわけではない。当初はとりわけ視野が広かったため、これからやろうとしていることに無理があることぐらいは見通せた」とここでも「あとだしジャンケン」をする。しかし、それを知りつつ、自転車操業を優先せざるをえなかったのが事実であり、歴史的には正しい。「故意による見過ごし」が仮に事実だとすれば、私たちは倫理を問われる。結果を知りつつ、実行者として、結果の責任を負う立場の人間である。「加害者」であり「共犯者」であったとするならば、結果的に多くの仲間を裏切ることになってしまったし、負うべき責任は大きい。

本章は執筆者三名が、学生支援GPに期待をしつつも、それに応えることができなかった皆様へのせめてもの償い、お詫びの気持ちも込め、今後に求められる学生支援とはどういう形のものなのか、ささやかな提言をさせていただくものである。

2　「学生支援」に共通するスタンス

私たち三人の「学生支援」に対するスタンスは異なっている。今回の学生支援GPでの果たすべき役割の違いではなく、そもそも、それぞれの「思想」が違っているのだ。取組の前に出発点から差異がある。おそらく、私たち以外の関係者にヒアリングをすれば、更に異なってくる。十人いれば十通りの「学生支援」論が提示されるだろう。

そこで、まずは三人のスタンスについて、簡単に要約しておこう。

大島は、「学生支援」が学生教育の万能薬のようなものだと捉えている。

清野は、「学生支援」を学生が自由闊達に議論し、学生独自で企画を立て、違和のある社会を少しでも変える足掛かりを目指すものだと捉えている。

浜島は、「学生支援」を学生に居場所を与え、学生生活を満足させるためのもの、とりわけ学業以外にも各自が打ち込む活動を用意するものだと捉えている。

このように「学生支援」と言っても、重きを置く軸足に違いがある。むしろこの違いは、妥当なものである。そもそも世代、出身階層、ライフコースが違うのだから、独自の見解を持つことが当然なのだ。また、違いがありながらも、学生支援GP終了後も、三人で集まって振り返りをしている。お互いの立場が違いつつも、お互いの意見を尊重し、そして、その中でも共通して議論できることはないか検討を重ねてきた。少なくとも、私たちはお互いの「学生支援」について、傾聴し、同意し、大枠では同じ思いを持っているのではないかと感じている。私たち三名は、自由に、かつ建設的な議論ができる、信頼できる同志である。

学生支援GP実施にあたっての根本かつ致命的な問題は、個人の思想を越えて、「実践として何をするか」、明確な方針が共有しきれなかったことである。とくに「学生支援部門」という組織として、「学生支援」の優先順位を明文化しなかったということと、そのための議論が一度もなされていなかったことが、その後の混迷を引き起こしていったのだ。要するに、戦略がなかったのだ。だから、困ることがあると右往左往する。「柔軟に対処する」というのも大事だが、土台がしっかりしていなければ、その時々で方針がぶれる。

戦略なき実践は、持ち場を任された各人の経験と能力に依存する。学生対応も、担当者のパーソナリティ次第ということになってしまう。各自の能力を底上げする目的のFD・SDもほとんど企画できず、そして機能しなかったのは先に記したとおりである。もう少し頑張れば、小手先の技術は習得できたのかもしれない。しかし、問われるべきは戦略に至る理念の共有がなかったのだ。

部門長だった大島としても、学生支援GP開始当初、理念の共有がなかったことを認めざるを得ない。大島は当時すでに一五年以上の教育経験があり、部活の顧問として、または学士課程教育の延長として学生とも積極的に関わってきたものの、プログラムとしての学生支援実践者としては素人であり、「学生支援の理念」を部門スタッフや参加者に自分の言葉で伝える事はできなかった。しかし、一年七ヶ月の部門長の経験により、学生支援の価値観・意義を感じ取ることができ、自分の言葉で「学生支援の理念」を語れるほどに大島自身を成長させたのも事実である。浜島から見れば、文部科学省への「申請書」は、申請が採択されるために用意した理念の羅列でしかない。現場に届く、別の言葉が必要だったのだ。現に、赴任後、浜島は申請書を何度も読んだが、なかなか理解できなかった。学生の清野に至っては申請書の存在など知る由もない。たしかに、大島をはじめ有志グループが書き上げた申請書およびそこに記載された理念が崇高であることは理解を示し、そこに至るまで議論をされたことに敬意の念を示したいと浜島は思う。しかし、その言葉を現場レベルに届けなかった（別の言い方をすれば、届かなかった）。採択後に、いずれ浜島という専任教員が来るから、実務を担当する彼に任せればよい思ったのも事実で、怠慢であると罵られても反論はできない。また、採択後に任期満了にともない学長他大学執行部が変わるというのも、無責任といえば言い過ぎであるが、実行部隊からすれば大きなマイナスであることは否めない。前執行部の仕事を負わされた新執行部の面々からすれば、状況を飲む込まで時間がかかる。学生支援に対しても個人差があり、少なくとも「申請書」でうたわれた内容を実践するには、かなりの時間を要する。さまざまな要因はあるが、自転車操業的に柔軟にトライアル＆エラーで試行しつつというのは、一大プログラムですべきことではなかった。全学部を巻き込んだ取組は、失敗のリスクが大きいにもかかわらず、呑気すぎた。困るのは学生である。悪気がないとしても、それが大事故につながる可能性があれば、立派な過失であり、責任が問われる。

現実は、さまざまな制約をクリアにできないまま、学生支援GP参加者募集の「熱い言葉」が踊り、中身が伴っているとはいえない体制での船出をした。目的地もわからないまま、後戻りできないことだけが決められていたのだ。せめて、重点事項・指針だけでも明文化されていれば1、何かあった時には参照し、舵取りができていたはずだったのだが、この航海には後悔せざるをえない。何のための学生支援なのか、一言でいいから、提示が必要であった。今でもそう思う。

執行部をはじめとする運営レベルでの理念と、学生支援部門をはじめとする実行レベルでの理念と、学生支援GP学生・教職員をはじめとする参加レベルでの理念が、名目的に一致することなく、終了時まで続いた。最後まで混迷したまま、経験だけを頼りに、形式的に体制を維持した。むしろ、それだけでもよく持ちこたえたということが驚きなのかもしれない。

学生支援GP「申請書」提出後の戦略がなかったこと、そして最後まで「申請書」に頼らざるを得ず、軌道修正すらできなかったこと、これがその後に至る躓きだった。発足当初に「組織」としての意識決定と、実行に向けての、詳細な明文化をしなかったことが悔やまれる。初めが肝心だったのだ。

3　トップダウンとボトムアップ

最初の躓きは最後まで軌道修正できなかった。

学生支援GPはどこを向いていたのか。全学をあげて「学生支援」を謳いながらも、浜島は、清野が言う「胡散臭さ」を感じつつ、日々の業務にあたっていた。大島だけが本気だったのかもしれない。残念ながら、全人類は大島のようなタイプばかりではない。浜島ほか実務部隊は、部門長をはじめ、上司から来る依頼・命令には常識的に考えても逆らうことはできない。「本当に学生のためなのか」という依頼もある。個人的に納得できないこともある。それを参加者である学生・教職員に伝達し、時には詳細な説明が求められもする。伝達経路に不信感がある場合、たいてい物事はうまく運ばない。そこを無難に裁くことができる人物は出世する。しかし、経験値のない浜島には無理だった。

一方で、学生・教職員から参加側としての要求・提案もある。清野のように企画を出してくる場合もあれば、購入物品や待遇改善などの依頼もある。「本当に学生ためなのか」、浜島もそれなりに考え、上司に起案する。通ることもあれば、却下されることもある。その基準がよくわからなかった。大島は、参加側からの提案には可能な限り聞く耳を持っていたが、最終決定については、他のメンバーを含めた学生支援部門にあるため、大島の独断では決まらなかった。学生支援部門としての決定基準が不明確なまま、実務を担当しなければならなかった浜島には不信感と苦痛でしかなかった。

大学組織と参加者の間に挟まれつつも、浜島は無力であり、ときに両者からの期待を裏切ることになってしまった2。何も浜島は参加側の要望をすべて叶えたかったのではない。要望を聞き入れる際に公的に認められる説明の言葉が欲しかっただけだ。要望を断る際の根拠について事前に、もしくは、問題が生じた直後に共有し、納得さえできていれば、こういう不満は生じない。

説明の根拠は曖昧であり、それも責任ある地位の人間が変わってしまえば、その人の考えに依存していく。古い体質、属人的な社会である。地位ある人間の「学生支援」イメージが、そのまま採用されることになり、現場は混乱する。混乱しないやり方は、ただ一つだけだった。じっくりと対話し、お互いの見解を共有することだった。しかし、その機会はほとんどなかったと浜島は記憶する。顔合わせの機会は頻繁であったが、それは形式的なものにすぎなかった。

学生支援部門内部でのミーティングは、学生支援GP開始期から終了期まで、直近の案件に対し、誰が、どのように対応するかを検討することが主たる内容だった。ミーティング時間の制約があり、長期的な案件ほど、後回しにされ、直近になると急いで対処方法を話し合った。そのため直前の課題にはなんとか対応することはできたが、浜島および現場の実行部隊は日々追い込まれている感を覚えた。

学生支援GPがどこを向いて進んでいるのか。実務担当者が困惑している時点で危険信号は出ていた。日々の運営が自己目的と化し、生産性のない、その場しのぎが続く。そのうち「学生のため」という言葉すら出てこないようになり、それぞれが言いたいこと、やりたいことを主張するようになった。

一枚岩にならなくてはいけない組織(学生支援部門)が、バラバラだった。最初から最後まで、出身キャリアが異なる教職員、また雇用形態（正規／非正規／有期雇用）の違う人間の集まりが学生支援部門だったのだ。この異文化集団を支えるものこそ、理念の共有・理解だった。話しているうちに仲良くなるわけがない。仲良くなるための共通基盤作りが必要だったのだ。大島は一時期、月に一度の食事会（昼食会）なども企画していたが、形式的な食事会では何も効果はない。食事会に至る雰囲気、ひとつの仕事を成し遂げる士気の共有がなければならなかった。それなりにお互いへの気遣い、配慮はあったのかもしれないが、それが実を結ぶことはなかった。題目的であれ、共有するフレーズが用意できれば、一体感、使命感が得られたのかもしれない。

浜島のごく私的な意見だが、激務であろうが、待遇が悪かろうが、「やりがい」があればかなりの無理はできる。仕事をしていて満足感があるからだ。しかし、「やりがい」の乏しい職場環境では、労働意欲が上昇することはない。職場環境の整備は重要だったといえる。清野においても、依頼内容に意味を見出し、仲間との議論を通して、成果物を用意し、それに対する相応の評価を期待通りに受け取ることができれば、多少の両立困難があったとしても、今回のように疲労を吐露することはなかった。

4　土台のない中での現場生活

組織としての優先順位が不明確でありつつも、現場は日々動いていく。それぞれの地位、担当者に依存した中で、可能な限りの「学生支援」に基づいた対応をしていく。トライアル&エラーで、柔軟にやっていくしかない。参加している学生・教職員のグループ活動は、徐々に定期的にミーティング・地域活動をするようになっていった。

現場の良さは、参加者の反応がダイレクトにわかることである。直接、対話をすることだけでなく、観察（モニタリング）することから、「申請書」で目指した取組とその手ごたえを感じることができた。浜島の場合は、ポジティブな側面以上に、現場で知ることになった「申請書」とは大きな隔たりのある、「意図しない」側面に目がいった。

すでに書いてきたことでもあるが、学生の自主性を前提に始めたこの活動なのだが、学生は自主性に慣れていないことがわかった。清野のように「学生による、学生のための企画」を考える学生が少数派だった。そもそもこういう学生支援ＧＰが採択される時点で、学生の自主性を底上げしたいという社会的背景もあったのだが、ここまでの状況であるとは思ってもみなかった。過去の浜島の調査経験から、大人しい学生であっても、やるときはやるものだと思っていた。昔の大学生と今の大学生に大きな差異はないものと読んでいたのだが、どうやら違ったようだ。

「好きにやっていい」と言うと、何もできない学生が多かった[3]。高校までの規則正しい「型ありき」の生活を送ってきた地方国立大学の学生だからなのか、成熟した社会の中でチャレンジ精神がリスクと捉えられているのか、突拍子のないことをするような学生はほとんどいない。ミーティングに来ても発言も促されるまでしない。出欠連絡やメールの返信を依頼しないとしてこない（たまにではあるが、お願いをしても、返答しない学生もいる）。ミーティングなのに話題も決めず、延々と四方山話をしている。堂々めぐりもある。今の学生が、無責任、無気力というわけではない。お願いをするときちんと果たしてくれるし、目上の人への態度は礼儀正しくもある。「マニュアル」や「型」、「枠組み」、「例」がなければ、何をしたらよいか、率直にできない、わからない学生が多かったのだ。

その経緯もあって、『地域活動ハンドブック』の作成や平成二一（二〇〇九）年度に新入生参加希望者を対象にしたオリエンテーションを実施した。そして実際にトレーニングを兼ねた授業開設にも踏み切った。日頃の業務を抱えた教職員に学生指導を頼むのは限界だと悟った。マニュアルが必要なのが学生だけでなく、教職員にこそ必要だったのだとも悟った。残念ながら、こちらについては大きな改善点を打ち出すことはできなかった。学生支援ＧＰ参加学生のピアサポートも発展途上であったから、誰かが何とかしなければということで現状打破ということで動いたのだった。

その代わり、マニュアルや参考例を用意し、手順を指示すると、学生はこちらの意図した行動をとるようになっていった。そこは非常に物分かりがよく、社会性の高さをうかがわせる。本学は、九学部あり、一学年がおよそ二五〇〇名にものぼる総合大学である。当然、学生の質も様々である。とりわけ、学生支援ＧＰは参加希望者が対象であるため、焦点を絞った対応をすることは不可能である。その意味で普遍的かつ全人的な活動支援が望まれる。戦略的な運営がないにもかかわらず、学生受入れの間口が広いのも困難に拍車をかけていた。参加も自由であれば、辞めることも自由である。ちなみに、このルールも最初はなかった(「申請書」には、辞めるという想定がそもそもなかった)。

学生支援GPへの参加学生は、一学年あたり平均して一一〇名ほどであり、数としては多くはないが、学生支援部門の居場所に常駐するスタッフの数からすれば、対応数としても限界に近いものがあった。全学の協力体制の結果から導かれるグループ数の問題もあるが、実行部隊のマンパワーとして一日当たり対応できる学生数についても、学生支援部門として数値目標、戦略がなく、トライアル＆エラーで何とかなるという前提がプログラム遂行に支障を来たした。

ともかく、マニュアルを用意することは、窓口対応をスムーズにすることにもなった。必要に迫られて作成せざるを得なかったのだが、効果はあった。

5　決断力

実のところ、浜島はマニュアル準備反対の立場だった。大島、清野も立場は同じだ。学生による自主性のためならば、よほどのことがない限り、目をつぶり、待つ覚悟をしていた。出てきたアイデアを認め、可能な限り実現させたいと思っていた。そこに清野があらわれ、浜島の思いはより強くなった。しかし、現実は先に述べたとおりである。浜島は予測を見誤ったのだ。自主性を打ち出せば打ち出すほど、多くの学生が困惑していく。参加意欲はあるものの、この状況の中では何もできない学生がいた。当時の実行部隊は、清野のようなタイプの学生を優先し、そうでないタイプの学生へのケアは乏しかった。救うべき学生に差異があったことを認めなければならない。気長に待ち続けた学生からの一言、「えー、じゃあ、どうすればいいんですか?」にもっと早く耳を傾けるべきであった。マニュアルによって、「型」を習得し、やがては独自の手法を身につける可能性だってある。マニュアルを軽視していたがゆえに決断力が遅れた。

もうひとつ見誤ったものがある。「プロジェクト」である。各学部から優秀な研究プロジェクトを提供してもらい、ゼミの学生以外もお世話になる。学外地域の場合には、実際に移動して、地域の方々と一緒に活動していくことになる。そのうちに、学生独自のアイデアでプロジェクトが生成され、学生支援ＧＰの活動は活性化していく。「申請書」はそのように書かれていた。グループが軌道に乗るために用意した道具がプロジェクトだった。主役は日々の学生生活であり、ミーティングにある。地域活動は従たる役割であった。しかし、ミーティングで何をしたらよいかわからないという現実と、地域に出向くことで得られる発見や喜び、次の活動へのモチベーションの向上が経験から認められた。更に、学生支援ＧＰ活動に適したプロジェクトと適さないプロジェクトも判別されはじめた。研究に重きを置くプロジェクトはこの活動には向いていない。むしろ、地域からの歓迎体制と、学生発信の企画を待つという寛容性のあるプロジェクトが活性化していく。そして、結果的に従たる位置づけであったプロジェクトが、「地域活動」として主たる位置へと変化していった。一旦、固定地域を選択したグループは、次年度以降もプロジェクト変更をしない。逆に、研究プロジェクトは、年度ごとに変更を申し出るグループが多かった。固定地域を持つことがグループ活動の活性化を促し、学生の成長、地域からの期待に応える可能性を秘めているという判断になったからだ。この判断に至るまで、三年近くかかっている。

浜島をはじめとする実行部隊は研究プロジェクトも従たる役割の中では必要であると考え、また各学部からの提供ということもあって無碍にできず、学生支援ＧＰ参加者に選択するように指示してきた。活動の活性化が認められないときも、そのプロジェクトに忍耐強く関わってもらうことにした。グループ内でのミーティングを何度も行い、話し合うことを勧めた。しかし、それではダメだったのだ。どんなにミーティングで話し合っても、短期的な目標がなければ参加のモチベーションがあがらない。研究に準拠したプロジェクトの場合、専門知識のない学生・教職員では、興味を持ったとしても深化するには相当の労力がかかってしまう。学生支援として関わるには、相当なストレスがかかっていったのだ。最初は気軽に地域に行き、そこから現実を目の当たりにし、自分たちができることを考える。大学生版の総合学習と言えば聞こえは良いが、スタートはそれ以下の状態だった。

「申請書」では地域活動が「遠足」となることが心配され、それを防ぐためにもポートフォリオの整備が課題として記載されていた。しかし、現実は「遠足」もできない状況にあったということと、プロジェクトそのものが「遠足」に適していないというものであった。スタートラインを読み誤ったことで、ミーティングの困難を生み出し、地域活動の不毛さを継続させてしまった。早めに見切りをつけてさえいれば、途中で辞める学生、消え去ったグループは減っていたのかもしれない。

的確な決断をするためにも有能な同僚、仲間の存在は不可欠である。同じ現象を見ていてもそれぞれの観点で感じ方も違う。問題は、その意見を共有する土台があるか、執行者に聞く耳があるか否かである。聞く耳を持たない執行者へは、誰も何も言わなくなる。誰の意見であろうが、組織がよくなるために実行に移す執行者へは、情報が集まりやすくなる。情報がなければ、選択肢が狭まる。多くの情報から何を選別するかが執行者には問われている。それを磨くためにも、日々視野を広くし、関係する最新の研究など押さえておかなければならない。それが任期付きであっても学生支援部門の専任教員の役目だったのだ、と浜島は考える。「申請書」に準拠しつつも、良い部分は取り入れ、効果の乏しいものは変更する。この政治的態度の徹底が求められていたのだ。

学生たちも自分たちで活動を盛り上げようと様々な工夫をしてきた。学生同士でのミーティング、グループを越えた集まり、ミーティングに来ない学生への気遣い、グループ内でのリーダーや役割の形成、部活・サークル加入者はその経験を活かした先輩・後輩関係の構築、メーリングリストを用いてのミーティングおよび地域活動の詳細説明、事後報告、申し送り事項など、彼らの努力があってこそ、一五グループは学生支援GP終了後も継続している[4]。当初は物珍しい活動も続けていくうちに日常化し、先輩の歩んできた道を同じように踏襲しようとする動きがみられる。

このように、学部・学科の縁でもなく、部活・サークルのように趣味縁でもなく、同じ大学というだけで形成されたコミュニティであっても、学生同士によるサポート、教職員のサポート、活動プロジェクトによるサポートが重なれば、居場所となり得る。人工的なコミュニティの形成と維持が確認されつつある。学生支援GPの効果をたとえば参加者のパネル調査などで測定することは極めて難しい。しかし、何もないところから卒業生を出したということ、卒業後も内部大学院進学者の何名かは継続希望を出し、また恒例の企画があると何名かの卒業生がときにヘルパーとして参加してくる事例は、計量的には捉えられないが、居場所が継続していることを示しているといえる。

学生自身によって磨かれる力を「学生力」とするならば、学生支援GPによって「学生力」がついたことも評価に据える必要がある。この「学生力」の詳細については、具体的に検討していかなければならない。ここの大学の学生文化を解析し、どのような方法で彼らの潜在能力を延ばすことが提案できるのか、本当ならば浜島をはじめとする実行部隊はこれを使命として果たさなければならなかった。実践をしながら見えてきた課題から、傾向と対策を練ることはできなかった。

おそらく、「申請書」に準拠して、大島と同じ方針にしたがって、学生の自主性を尊重した施策を継続していたのならば、学生の参加者（さらに言うと、継続者）は激減していただろう。勢いで入ってみたものの、何もできず、途中で辞めなければならなかった学生が多かったはずだ。自主性を待ち望んでいた学生には居心地の良い場所になったのだろうが、少数学生の自主性を更に発揮させることが「申請書」が謳う学生支援GPの目的に叶ったのであろうか。もともと素養のある学生に、機会を与える意味は認める。しかし、これが学生支援部門の目指したものだったかどうか。達成感はあったかもしれないが、浜島としては腑に落ちないところもある。一部の特殊な学生に、重点的に資源を投下したにすぎない。もちろん、そういうプログラムも存在していい。やはり、組織として、育てたい学生像を明文化していないことが、議論や検証を困難にする。

学生支援は大学政策の一部である。教育に関しては学部でカリキュラムを丁寧に議論する。この学部では、どのような学生を育成するのか社会的にも説明責任が問われてきている。公的資金が投入される国立大学であればなおのことだ。学生支援についても大学固有の指針が示されてしかるべきである。入学から卒業まで、大学生とともに歩むのが大学であるのならば、学生支援についても具体的に明示する時期にきていると思われる。

6　学生支援に求められる条件

最後に本学での学生支援GPの経験と反省をもとに学生支援に求められる条件を提示したい。大学運営サイド、実行部隊サイド、参加サイドの三つの観点から、どういうスタンスが必要なのか、箇条書きと簡単な説明であるが、用意してみた。ただし、具体的に何をするか、どういう学生支援プログラムを実施するかは、各大学で決めることなので、ここでは言及していない（○数字は重要度順）。

Ⅰ．大学運営サイド

①学生支援プログラムにより育てたい学生像を提示し、そのために必要なミッション（職務）、バリュー（価値観・意義）、ビジョン（到達点）を構成員に提示すること

総合大学の場合、すべての学部から全面的な支援を得られなければ、「学生」の視点に立った学生主体の取組を実現することは出来来ない。取組の実現のためには、大学構成員による学生支援の「バリュー」の共有が必要であり、学生支援プログラムにより育てたい学生像を具体的に提示することが求められる。育てたい学生像が具体化されれば、あとはそれを実現するための方略となる。次に、大学運営サイドは、教育、研究、管理・運営、社会貢献に加えて、学生支援を「ミッション」の中にどのように位置づけるかを考えなければならない。大学全体としての実効性が意味をもつので、教職員によって「ミッション」の内容が異なることは問題ではない。また、短期的な目標と中長期的な目標の提示が求められ、ロードマップを含めて、そのビジョンを構成員に提示することが重要である。プログラムに対し、説明する力、責任を取る力、全体を巻き込む力が必要だ。

②学生支援の理念に深い理解を持ち、ボランタリーなのかミッションなのか学生支援の位置づけを明確にすること

学生支援の理念を十分に理解した上で、大学の戦略を決めなければならない。学生支援の実効性を担保するためには、学生支援の理念を理解し、バリューを共有できる教職員の主体的な参加が求められる。しかしながら、学生支援プログラムに主体的に参加する教員は限られており、現実はボランタリーに頼らざるを得ない。学生支援を大学の重要なプロジェクトと位置づけ、より多くの教職員の参加を促すのなら、学生支援に主体的に参加する教員に対するインセンティブも含めて、学生支援を教職員の重要なミッションとする大学の強制力が必要となる。大学における学生支援の優先順位が問われる。

③プログラムの到達目標と方略（学生支援シラバス）を提示すること

学士課程教育では、各授業科目ごとに学習の成果である「一般目標」と学習者が一般目標を達成したことを示すための学習者の観察可能な個別的行動を示した「到達目標」、目標を達成するための「教育方略」をシラバスに明記する。学生支援プログラムにおいても、参加者（学生）を主語にした「到達目標」と「方略」を明記した「学生支援シラバス」の提示が必要になる。「到達目標」には、以下に示す「参加サイド（学生サイド）」に箇条書きで列記した項目を記載することが出来る。「学生支援シラバス」の作成は「実行部隊」が行うが、大学運営サイドがオーソライズする必要がある。学生支援領域においても、「質の保証」が求められており、「学生支援」の名のもとに、ただサービスを提供すればよいというわけではない。

④プログラムに参加する学生、教職員を厳格に評価し、学生支援の成果を雇用市場にアピールすること

「質の保証」を担保するためにも、学士課程教育において「学生の評価」（成績評価）と学生アンケートによる「授業評価」が行われているのと同様、学生支援プログラムに参加する学生および教職員の評価が必要となる。学生の評価は、「参加したかどうか」という単純なものではなく、学生の成長を客観的に評価できる様な「学生の主体的参加とその効果」を提示できる内容（成果物＝アウトプット）が望ましい。また、学生の成長を客観的に評価できる成果物を雇用市場にアピールできる方略を考えることが、学生支援プログラムに参加する学生のモチベーションを上げることとなる。教職員の主体的な参加も重要なので、教職員の学生への関わりを示す客観的な評価軸も必要になる。

⑤学生支援は長期的なプログラムであることを認識し、短期的な成果を求めないこと

学生支援プログラムが効果をあげてくると、短期的に社会にアピールできる様な成功例だけに目を向ける様になり、「学生の人間的成長」という本来の目的から離れ、学生支援プログラムの成果を大学の広報活動に活用する様な場面もある。しかし、学生支援は卒業後も視野に入れた長期的なプログラムであることを認識すべきである。学生一人一人、成長の過程（質・量と時間）は様々であり、長い目で学生の成長を見守り、短期的な成果を求めないこと、それに一喜一憂しないことが肝要である。

⑥実行部隊に関わる併任教員には人的・予算的なサポートを行うこと

学生支援プログラムに実行部隊として主体的に参加することは多大なエネルギーを必要とする。教育・研究活動の片手間に学生支援活動を行うことはプログラムの実効性にマイナスに働く。学生支援プログラムに主体的に関わるためには現行の仕組みで行われる限り、教育・研究活動の一部を犠牲にすることは避けられないので、実行部隊に関わる併任教員には人的・予算的なサポートが必要になるであろう。

⑦学長自ら実行部隊との定期的なミーティングを行い、学生支援の現状を正しく理解すること

大学のトップが学生支援の現状を正しく理解することが学生支援プログラムを成功に導く鍵となる。そのためには、学長自ら実行部隊との定期的なミーティングを行うことが必要になる。学長が現場での問題を適確に把握することが問題解決の有効な方略に繋がる。ときには参加学生との懇談を通じ、今時の大学生を理解し、学生支援の熱意を持続してほしい。

⑧実行部隊と参加者を思いやり、自主性を尊重すること

学生支援プログラムが「学生の人間的成長」を目的としていることを理解し、実行部隊と参加者の自主性を尊重することで、互いの信頼関係を育むことが可能となる。この様な信頼関係は、実行部隊に目的意識と達成感を醸成することに繋がる。但し、プログラムの評価は厳格に行うことが求められるので、学内外の有識者で構成された評価委員会による定期的な評価、長期的な評価軸の構築が必要になる。もちろん、評価委員会がもつ権限についても、大学内で合意を形成しておく必要がある。形式だけの評価は不要である。

Ⅱ．実行部隊サイド

（管理運営組織）

①学長直属の少数先鋭部隊であること、但し参加学生の規模に応じて柔軟に人員を配置すること

少数精鋭の適材適所のメンバーで実行部隊が組織されることが重要である。既存の組織に付属するのではなく、独立した学長直属の組織であることが求められる。但し、参加学生の規模に応じて柔軟に人員を配置できることが望ましい。

②責任者（部門長）には強力なリーダーシップと学生支援への深い理解と行動力があること

実行部隊の責任者（部門長）には強力なリーダーシップと行動力が求められる。部門長は学生支援への深い理解と思いをもち、広報や学内外での活動にも積極的に関わることが望まれる。さらに、部門長には大学の施策への理解と学内外との交渉力も必要になる。そのためにも学生支援に時間を費やす環境が保証されなければならない。

③専門知識がある事務職員（プログラムマネージャー）がプログラムを動かすこと

教員と事務職員の間に位置するようなプログラムマネージャー（運営者）の存在が必要である。学生支援部門のスタッフ（教員）が目前の案件ばかりに忙殺されていては、長期的視点に立った学生支援プログラムの本質を見失うことになる。プログラムマネージャーは専門職でもあるので、通常の事務職員のローテーションとは異なるサイクルで人材育成を含めて複数体制にする必要性がある。教職協同を推進するならば、教職員ともに適切な人材育成をしていかなければならない。

④知の総合化と学生の視点にたった学生主体の取り込みを行うこと

学生たちを専門家（＝学士）として育成するだけではなく、卒業後に一市民として社会に参加し、社会をより良く豊かにするために活躍出来るような人材として育成することが重要である。学生のみならず教職員もこうした価値観を共有し、実践していくことが望まれる。そのためには、大学教育に携わる教員が率先して学生支援の位置づけを明確化し、様々な学生の人間的成長を促すプログラムを用意し、「知の総合化」と「学生主体の活動」を構築する必要がある。「学生のためになる」ことを真剣に、ときには本音をぶつけあって、価値観を共有してほしい。

⑤育てたい学生像を理解し、希望学生を受け入れることが可能なプログラムを用意すること

育てたい学生像を具現化するために有効なプログラムを検討する。希望学生だけを受け入れるのか、一定数の学生を受け入れるのか、全学生を受け入れるのか、については大学運営サイドが決めることになるが、受け入れ学生に応じたプログラムを提供する必要がある。理想だけを語っていても何も始まらない。実現可能なプログラムと現実に即したプログラムになることを意識していかなければならない。

⑥予算の管理執行から、学内規則の取り決めまで熟知した人員を配置すること

独立した形で予算執行をする必要があるので、予算の管理執行から学内規則の取り決めまで熟知した人員を配置する必要がある。原理原則を熟知しているだけでなく、本質（大学の利益になる、学生の利益になる、社会の利益になる）を理解し、ときには前例をも覆せる熱意をもった人材が必要である。

⑦プログラムを客観的に評価する専門家（教員）を配置し、成果測定に向けて、種々の専門家からの知恵を取り入れること

学生の目線にたった学生の成長のサポートと平行して、「新しい学びのかたち」である学生支援プログラムを客観的に評価して、プログラム開発に繋がるアカデミックな活動として分析し、大学内外に向けて情報発信していくことが重要となる。成果測定に向けては、評価委員会からの提言に加え、種々の専門家からの知恵を取り入れることが必要がある。学生支援への熱意だけでなく、ときには冷静に批判できる心性を備えた人材であることが望ましい。

⑧育てたい学生像が合致する外部関係者（地域関係者）を選定できること

「地域の知」を活用する地域連携プログラムは、育てたい学生像が合致する外部関係者（地域関係者）を選定することが重要である。大学と連携し、地域貢献と学生支援との利益が一致するところでなければ、発展することはない。そのためにもお互いひざを突きあわせて、腹を割って話し合うことが求められる。

⑨週に一度は、ミーティングをおこない、各自の気付きを報告し、意見交換すること

実行部隊メンバーは学生支援の目的と価値観を共有することに加え、つねに現場での問題点を共有し、問題解決に向けて建設的な議論が行える環境構築が必要である。週に一度は、ミーティングをおこない、各自の気付きを報告し、意見交換することが望まれる。もちろん、形式的におこなっているだけでは時間の無駄である。このミーティングが学生支援にとって重要なものであること、相互にとって貴重な意見交換の場であることを理解したうえで、実施していかないと、単に集まることが大事なだけのミーティングに成り下がってしまう。

⑩広報活動（ホームページ、パンフレット、テキスト、広報物作製）を精力的に行うこと

大学構成員における学生支援の価値観・意義の共有化、学内外への情報発信に、広報活動（ホームページ、パンフレット、テキスト、広報物作製）を精力的に行うことが望まれる。すべて情報発信することはできない。膨大な学生支援プログラムの中から、公表するにふさわしい情報を抽出し、それをできるだけ早く伝える。情報発信の大事さがわかる人材でなければ、広報活動をまかせることはできない。

⑪他大学の先駆的な取組や文部科学省の動向など、随時配慮できること

学生支援プログラムをよりよいものにするためには、他大学の先駆的な取組や文部科学省の動向などを随時配慮することは重要である。学生支援先進国の米国などの情報収集も必要になる。研究者のネットワークなど活用して、現在のプログラムをよりよい方向に導くことができなければ、時代に取り残される一方である。

（参加教職員）

①参加教員の任期を明示すると共に、熱意のある教員の協力を得ること

学生支援をボランタリーで実施しようともミッションとして実施しようとも参加教員の任期を決めることが重要である。特定の教員だけに過度な負担を強いるのを防ぐためである。また、熱意のある教員の参加が望まれる。そのためには、学生支援にふさわしい教職員をリクルートし、あまりふさわしくない教職員には学生支援以外の方向で社会貢献をしていただく。その意味で、参入の垣根を低くし、退出の障害もないような配慮がもとめられる。そもそも、ふさわしくない教職員があらわれないためにも選出に際しては、大学全体の意識を高めておく必要がある。

②大学組織の一員として、職務を意識しながら学生と関わること

学生支援活動に、教職員も学生と一緒に同じ目線で楽しみながら関わることが重要である。仕方なく関わっているだけで、それは負の雰囲気を与えるだけである。それならば、その場にいないほうがむしろよい。楽しみながらの活動ができているという前提を踏まえ、さらにそれが大学事業であること、職務として、学生、大学を守るべき立場であることの意識も備えていなければならない。万一のことがあったときに、適切な指示ができるのは教職員だからだ。教職員のバランス感覚が問われる。「仕事として」、「職務遂行のため」という関わりだけでは、ビジネスライクな関係しか生み出さないので、そちらも意味はない。

Ⅲ．参加サイド（学生サイド）

①学生支援の意義・到達目標と限界について理解すること

学生支援の意義、学生支援プログラムに参加して得られる成果、到達目標と限界について理解をすることが重要である。このことは、プログラムを通した人間的成長を振り返る際に重要な尺度になり、努力と成果の相関を理解することに繋がる。出されたメニューを消化するだけでは、学生は成長しない。自ら考え、目標に向けて努力していかない限り、成長はあり得ない。そこは、参加時に「覚悟」を決めて、参加してほしい。

②プログラムに主体的に関わり、活動を楽しみ、好奇心をもち、感受性を磨くこと

学生支援は学生の主体性を育むプログラムなので、受動的ではなく主体的に関わることが求められる。つねに前向きで、建設的であることが重要である。そのためには、活動を楽しみ、好奇心を持つことが必要であろう。主体性を育むと共に、社会で活躍するために必要な力、とりわけ、「人と関わる力」を学生に身につけさせるための大学の活動は、「感受性」をも育むことに繋がる学生支援である。学生たちが、キャンパスの外に出て、地域社会と関わることは、「感受性」獲得のための有効な方略となる。失敗をおそれず、チャレンジ精神を失わないことが、後々の成功に繋がっていく。

③辛いことがあったとしても逃げず、参加者としての責任を果たすこと

困難なことを克服することは大きな達成感を得ることに繋がる。困難を克服するためには、長い時間をかけた地道な努力を継続することが求められるが、辛いからという理由で逃げ出しては、自分の目標を達成することはできない。それればかりか、他の参加者にも迷惑をかけることになる。プログラムに参加を決めたら、責任をもってプログラムをやり遂げる覚悟が必要である。みんなと一緒に活動をしようと考える協調性を持つことは、社会に出てからも求められる。責任を果たせなくなりそうなときもあるだろう。被害を最小限に抑えるためにも、関係者同士での情報共有(いわゆる「報・連・相」[5])の体制を徹底しておかなければならない。個人に対してでなく、全体に対しても、密な連絡体制はセーフティーネットとなる。

④個人で目標設定をし、定期的に自分の歩みを振り返ることができること

個人で目標設定をすることは、人間的成長に必要なことである。容易に達成できる目標よりも努力を継続しないと達成出来ない目標設定が望まれる。目標設定が決まれば、次は目標を達成するための有効な方略を考え、実行に移すことになる。定期的に自分の歩みを振り返ることで、目標達成のために必要な事柄や自己の成長を知る事ができる。長期的な目標に到達するためにも、目の前の目標を堅実に達成していくことが大事である。一歩一歩、前に踏み出す力、努力を怠らない力、養った力を少しずつでも蓄積していくことが求められる。

⑤マニュアルを理解し、いずれは自分独自の「型」がつくれること

仕事が出来る人は、仕事のプロダクト（最終型）がイメージできる人である。プロダクトをイメージできないと、するべき事柄の優先順位を決められない。しかしながら、経験を積み重ねないと仕事のプロダクトをイメージできる様にならないので、最初はマニュアルを頼りにするしかない。経験を積み重ねることによって、やがて自分独自の「型」がつくれるようになる。人は楽な方にながれてしまいがちである。マニュアルを理解すると、それ以外のことをしなくなってしまう。マニュアルは、導入段階でのサポートでしかない。理想は、誰かのためにマニュアルを作ることができる創造性あふれる人材を育成することである。

⑥自らの居場所および活動場所を公共空間として捉え、自治を心がけ、集団を大事にする姿勢があること

「人と関わる力」を育むには居場所および活動場所での仲間との関係構築が重要になる。そこは公共空間であるので、学生により自主的なマナーとルールづくりが求められる。常に集団を大事にする姿勢があれば、自然とマナーとルールが構築されるであろう。居場所および活動場所では、自分の振る舞いを客観的に見つめなおす社会性のある人材が必要とされる。

⑦正課および他の正課外の活動とも両立する意欲があること

学生支援プログラムに参加を決めたら、正課の授業および部活・サークル等の他の正課外の活動とも両立する意欲が必要になる。自分の都合だけで活動を休むことを慎み、無理のない範囲でバランスを保つことが重要であるが、正課の授業を優先させるのは学生の本分である。現時点の自分の能力、時間的資源を冷静に分析し、「できること」、「できないこと」の区別と、マネジメント、他者との交渉ができる人材が必要とされる。

⑧相手の発言には真摯に耳を傾け、相手の立場に立った発言を心がけると共に、積極的に他者との対話に参加すること

コミュニケーション能力の育成には積極的に他者との対話に参加することが重要である。自分の主張したい意見だけを主張するのではなく、相手の発言には真摯に耳を傾け、相手の立場に立った発言を心がけることが肝要である。話し上手になりたければ、聞き上手になることだ。聞き役が上手くなると、自然と多くの情報が集まってくる。また、相手からどんどん話を引き出すことができ、深いコミュニケーションに繋がる。よい対話は、信頼を生むことができる。相手から信頼される人間になることが、今、社会で必要とされているのだ。

⑨分からないことや悩みごとを隠すことなく仲間や実行部隊に相談できること

自分の力ではどうすることもできない事にくよくよして思い悩むことがある。分からないことや悩みごとを隠すことなく仲間や実行部隊に相談することで、気分が楽になったり、問題解決の糸口がつかめるかもしれない。仲間や実行部隊に相談することが重要であり、仲間の相談には真摯に対応することが求められる。情報は開示したほうがよい。しかし、すべてを開示することが望ましいとはいえない。TPOに即して、適切な情報開示と秘匿ができること。バランス感覚の備わった人材が求められている。日々の仲間とのコミュニケーションを通じて、学び取ってほしい。

以上である。

これまで学生支援GPの取組では多くの皆様に大変お世話になった。まず何よりも、主体的な参加を頂いた多くの善良なる皆様のご協力を忘れることはできない。協力して頂いた皆様のお力があったからこそ、学生支援GPは最後まで進むことができた。著者一同、感謝申し上げる。そして、皆様のお力を無駄にしないよう、これまでの経験を基に、より一般化した新しい学生支援の形を提示し、実践に向けて努力していきたいと思う。こういう形で、文部科学省からお借りした事業推進費を社会に還元し、社会貢献の一助となれば幸甚である。

1　たとえば「学生の企画に耳を傾けよう」、「学生支援部門の方針が第一である」、「ひきこもりの学生をつくらない」など。

2　ゆえにコウモリと自分をたとえた言い回しを多用している。

3　確かに、人工的に用意した居場所とグループで、部活・サークル、ゼミや研究室、アルバイトとも似ているようで似ていない馴染みにくい活動ではあるが、それを割り引いたとしても、動きは遅く感じられた。

4　学生支援GP終了後の平成二三(二〇一一)年度に一つ増えて一六グループとなった。

5　円滑なコミュニケーションのためにも、報告・連絡・相談を欠かさないようにすべきであるという略語。

●活動年表

平成	西暦	月	全体	大島	浜島	清野	国内外のニュース
19	2007	5	学生支援ＧＰ公募通知				「消えた年金」問題
19	2007	6		学生支援ＧＰ検討ＷＧ（計七回）			
19	2007	7	学生支援ＧＰ申請書提出				新潟県中越沖地震 第21回参議院議員選挙
19	2007	8	学生支援ＧＰヒアリング 学生支援ＧＰ採択通知	学生支援ＧＰ検討ＷＧ（計五回）			
19	2007	9		海外出張中に機構長より電話があり、部門長就任の打診がある 学生支援ＧＰ検討ＷＧ（計一回） 学生支援ＧＰ実施ＷＧ（計一回）			自民党福田内閣
19	2007	10	学生支援ＧＰ開始 学生支援部門設置	各学部への説明と協力依頼 部門長就任 本学ＧＰフォーラムへの参加 学生支援ＧＰ実施ＷＧ（計一回）	学生支援ＧＰの紹介・任期付き教員の話をいただく 実際に大学に行き、話をしてみる		

19	2007	11	学生支援プログラム担当者等説明・打合会 各学部への説明会 学生に向けた説明会実施［各学部］	学生支援プログラム担当者等説明・打合会 各学部への説明会	面接後、着任（東京との二重生活） 大島先生に会う 学内では二名の教員にお願いして間借り生活（居室なし）		
19	2007	12	初代事務補佐員さん採用 グループ担当教員・事務職員説明会 学生支援プログラム参加学生説明会 グループ配属決定後、学生参加	同志社大学国際シンポジウムへの参加 グループ担当教員・事務職員説明会 学生支援プログラム参加学生説明会 プロジェクト活動地域への視察	学部にあいさつ回りなどいろいろありすぎるので割愛	参加	
20	2008	1	本格的なグループ活動が始まる		評価委員の先生方へご挨拶	Fグループに決まる	
20	2008	2	学長交代に伴い、執行部［機構長・副機構長］も代わる 大学教育改革プログラム合同フォーラムへの参加 越後湯沢でのFD・SD実施	プロジェクト活動地域への視察	学生支援GP紹介パンフ作成 HP作成のための業者との打ち合わせ 学生支援GP関係で韓国・中国の研究者来学、講演会実施（四回）	Fグループでのミーティング	
20	2008	3	評価委員会	アリゾナ州立大学視察 ポートフォリオ打合せ（第一回） 次年度プロジェクトの確認	B454教室に常駐 佐渡に行く 清野君に会う 他の活動地域へも同行	佐渡行く（自分は不参加） 浜島先生・初代事務補佐員さんと会う	

平成	西暦	月	全体	大島	浜島	清野	国内外のニュース
20	2008	4	活動報告会開催 部門と学生との意見交換会	部門と学生との意見交換会（第一回）	新年度準備	Xグループ立ち上げ 「お金使うな」と釘を指される	
20	2008	5	新入生参加	グループ担当教職員説明会 機構年報発行	新入生参加のための準備（東京のアパートを引き払う）	学生向け広報誌vol.01発刊	
20	2008	6	大学PRビデオ制作・TV放映 部門と学生との意見交換会	部門と学生との意見交換会（第二回） 各学部への説明会 年度報告書刊行	年度報告書刊行	学生向け広報誌vol.02発刊 大学PRビデオ制作	秋葉原で無差別殺傷事件
20	2008	7	各学部に説明会継続 部門と学生との意見交換会	ポートフォリオ打合せ（第二回） 部門と学生との意見交換会（第三回） 各学部への説明会	『地域活動ハンドブック』刊行	Gグループと阿賀町に行く	
20	2008	8		ポートフォリオ打合せ（第三回）	粟島に視察		北京で夏季五輪 自民党麻生内閣
20	2008	9		ポートフォリオ打合せ（第四回）	滋賀県立大学に行く		アメリカでリーマン・ブラザーズ破綻
20	2008	10	経営協議会	秋の活動報告会スタッフ打合せ 経営協議会発表リハーサル	経営協議会の準備	経営協議会 学生向け広報誌vol.03発刊 裏通信vol.01発刊	

20	2008	11	FD・SD実施（滋賀県立大学の先生を招く）		FD・SDの準備	シンポジウム準備 裏通信ｖｏｌ．02	アメリカ大統領にオバマ氏
20	2008	12	シンポジウム 部門と学生との意見交換会	部門と学生との意見交換会（第四回）	再任を依頼しない→説得→申請 シンポジウムの準備	シンポジウム裏通信ｖｏｌ．03 教員用広報誌ｖｏｌ．01 新入生用パンフレット制作	ノーベル物理学賞に南部陽一郎、小林誠、益川敏英の3氏、化学賞に下村脩氏の4人受賞
21	2009	1	GPフォーラム参加（参加者として）	GPフォーラム参加	GPフォーラム参加 評価委員会の準備	裏通信ｖｏｌ．04 教員用広報誌ｖｏｌ．02	
21	2009	2	日本学生支援機構意見交換会 評価委員会 部門と学生との意見交換会	意見交換会打合せ 部門と学生との意見交換会（第五回） ポートフォリオ打合せ（第五回）	東京に意見交換に行く	裏通信ｖｏｌ．05 Ｂ454ｖｏｌ．01	
21	2009	3	キャンパスブログ完成（その後、適宜メンテ）	担当教員との面談 次年度プロジェクトの確認	一度目の任期終わる	裏通信ｖｏｌ．06	WBCで日本2連覇
21	2009	4	新入生向け参加のためのオリエンテーション開始	担当教員との面談 ポートフォリオ打合せ（第六回） 部門長退任	二回目の任期開始 新年度の準備		
21	2009	5	阿賀町狐の嫁入り行列参加	年度報告書刊行	年度報告書刊行 オリエンテーション準備		裁判員裁判制度施行
21	2009	6			二度目の佐渡（学生引率）		

平成	西暦	月	全体	大島	浜島	清野	国内外のニュース
21	2009	7	新入生がグループに合流			Ｂ４５４ｖｏｌ．02	
21	2009	8			【ここがターニングポイント】		第45回衆議院議員総選挙
21	2009	9	初代事務補佐員さん退職		他大学で非常勤を行う（翌年三月まで）		民主党鳩山内閣
21	2009	10		ポートフォリオ打合せ（第七回）	第一期中期計画向けの報告データを用意		ノーベル平和賞にオバマ氏
21	2009	11	秋の活動報告会開催		國學院大學に視察		民主党主導の事業仕分け始まる
21	2009	12	秋田県立大学へ行く ＦＤＳＤ開催（学内教職員のみ） 部門と学生との意見交換会	ポートフォリオ打合せ（第八回） 関東学院大学へ視察 秋田県立大学との交流	秋田県立大学に一緒に行く	秋田県立大学に行く	「年越し派遣村」に多くの人
22	2010	1			関西大学、同志社大学へ視察 評価委員会の準備		
22	2010	2	シンポジウム 評価委員会	機構年報発行	島根大学に視察	Ｂ４５４ｖｏｌ．03 シンポジウム	バンクーバーで冬季五輪
22	2010	3			新年度準備		

22	2010	4	新入生向け参加のための授業科目開始		授業主担当		
22	2010	5	阿賀町狐の嫁入り行列参加		年度報告書刊行		ギリシャの財政危機でEU経済が混乱
22	2010	6			授業で実習(その前の準備)		小惑星探査機「はやぶさ」帰還 民主党菅内閣
22	2010	7	一年生グループへ合流		授業終了	印刷会社への見学	
22	2010	8	学生支援GP終了後も継続の方針が固まる		平成二三年(二〇一一年)度に向けプロジェクト移行を学生たちに促す		
22	2010	9					尖閣諸島で巡視船と漁船が衝突
22	2010	10	シンポジウムのための学生代表者会議設置				
22	2010	11			学生支援GP後の任期を依頼しない→説得→申請 シンポジウムの準備		
22	2010	12	シンポジウム				ノーベル化学賞に根岸英一、鈴木章両氏が受賞
23	2011	1	東京でのGPフォーラム参加(ポスター掲示)		東京でのGPフォーラム参加		

平成	西暦	月	全体	大島	浜島	清野	国内外のニュース
23	2011	2	評価委員会 学内シンポジウム（学生支援ＧＰ成果報告）		最終報告書刊行 学内シンポジウムで成果を報告		ニュージーランドで地震
23	2011	3	学内広報ビデオ作成 学生支援ＧＰ終了	プロジェクト担当教員終了（以降、協力教員としてプログラムに関わる〜二〇一二年三月まで）	第一期の卒業生が出る 二度目の任期終了	Ｘグループ解散	東日本大震災 計画停電
23	2011	4	大学独自のプログラムとして継続 三名の振り返り実施		退職後、三度目の任期開始（専任から主担当へ） 授業主担当 Ｂ４５４教室を離れて間借り生活再び（三名の先生に同室をお願いする） Ｂ４５４教室へは一日二時間（一二―一三時、一七―一八時）の常駐命令があり、従う		
〜	〜	〜	〜	〜	〜	〜	〜
25	2013	3			新潟大学を退職		
25	2013	4		歯学部選出担当教員として、再び学生支援に関わる	立教大学に異動		長嶋茂雄と松井秀喜に両氏に国民栄誉賞

あとがき

私たち三人は理想の学生支援プログラム構築に向けて、学生支援GPの取組を詳細に検証することにより導かれた「学生支援に求められる条件」を提示した。「理想を書き並べても物事の解決にならない。もっと現実的な提案をしないと意味がない」と批判する人がいるかも知れない。しかし、「学生支援の理念」は普遍であり、これからの社会を担う人材を育成する最高学府の大学が、理想を求めないで、現実的な対応をして良いはずがないと思う。本質とかけ離れた態度でうまく立ち回る人が良い思いをして、本質を求めて努力を重ねている人が辛い思いをしているような社会を作ってはいけないと思う。正しい「考え方」を持ち、強い「熱意」で誰にも負けない努力を払い、持てる「能力」を最大限に活かし、仕事に真面目にあたる人材（稲盛和夫著『働き方』（二〇〇九年　三笠書房）より引用）を育成することが、大学で行うべき「学生支援」であると思う。私たちが提示した条件のうち、どこまで実施する（できる）のかが、大学の「学生支援」に対するスタンス・覚悟の示唆であり、それがその大学のミッションとしての「学生支援」の優先順位を決めることになるのであろう。

今回の著者三名による本出版プロジェクト「三人だけの学生支援プロジェクト」は、三人で何度も議論を重ねプロジェクトの目的を確認・共有し、目的を実現するための方略を考え、それを実行してほぼ一年で草稿を完成させ、その後ブラッシュアップ作業を進めた。プロダクト完成の決め手は、ほぼ月一で実施した定期的なミーティングだった。定期的にお互いの進捗状況を確認することが執筆活動を後押しした。学生支援プログラムにおいても、プロジェクトの目的の共有化、目的達成のための有効な方略の立案、プロジェクトの実施、そして定期的なミーティングによる振り返り（フィードバック）が重要であることを、身をもって立証したことになった。稿を終えるにあたり、学生支援ＧＰを通して、「学生の主体性を育む」活動にご賛同と多大なご協力を頂いた関係各位に深く感謝の意を表する。

（おおしま　はやと）

結果的に私は、新潟大学に五年四か月の間お世話になった。本来であれば在職しながら、この振り返りを世に問う予定だったが、任期を一年余り残して、私は異動することになった。赴任したときは慌ただしかったが、離職するときも同様だった。新潟の地で落ち着いて暮らせなかったのが心残りである。

私が「本当に」大学を辞めるということで、有志の皆さんより、盛大な送別会を開いていただいた。大島先生の後の学生支援部門長は日頃からも気遣っていただいていたが、率先して世話役となってくださった。いつも顔を合わせている事務補佐員さんも裏方で協力してくださった。そして何より、多くの教職員・参加学生が年度末で忙しいところ、送別会に駆けつけてくれた。また、地元にいる卒業生も仕事先から顔を出してくれた。赴任時には考えられない事態に驚きと、嬉しさ、名残惜しさ、そして途中で去ることへの申し訳なさを感じた。

残念ながら、大半の教職員は学生支援に関心をもっていないと思う。しかし、ごくごく一部かもしれないが、意欲のある教職員はいらっしゃる。送別会は不参加だったが、メールや電話で、ご挨拶とねぎらいの言葉をいただいた。私とは専門が全く異なる学部の先生、学生支援以外の部局の職員さんたちから温かい言葉をいただくにつれ、遅まきながら、そういう皆さんともっと何かできたのではないかと思ってしまった。熱意ある教職員がいる限り、今後も優秀な学生は育っていくだろう。とはいえ、私は部外者となってしまったので、今、従事・活動している皆様に期待するだけである。

学生支援ＧＰ担当時は、とにかく自転車操業で、じっくり思考することはなかった。本出版プロジェクトで著者三名が定期的に会うことを機に、やっとこれまでの行いを振り返ることができた。限られた時間の中で、各人の思いを共有し、意見にただ同意するだけでなく、時には批判しあうこともできた。それが心地よいのだ。メンバー同士、腹を割って、制約のない自由な議論をすることは、私にとって有意義なフォローアップとなった。ずっと私の心の中にあった「もやもや」が何だったのか、対話を通して、自分の言葉で探り当てることができた。本出版プロジェクトに賛同し、誰よりも早く今回の振り返り草稿を作成した清野君、会合場所を提供し、学生支援ＧＰの理念に対し、昔と変わらず目を輝かせてお話くださった大島先生というお二人のメンバーに感謝したい。本来だったら虫歯治療で出会うことぐらいしかなかったはずのお二人と、目的を共有し、三者が納得のいく成果を出せたことの喜びは大きい。

繰り返しになるが、今回の出版プロジェクトは、学生支援ＧＰに参加したすべての学生、教職員、地域の皆様、そのほか大勢の関係者のお力がなければ達成されなかった。活動実績なくして、振り返ることはできない。学生支援ＧＰを進めるにあたって、地域からのご協力をお願いした際、快諾され、「一緒に盛り上げていきましょう」とおっしゃってくださった関係者の方の熱意と行動力には救われた思いがしたのを今でも覚えている。すべての皆様にお礼を申し上げたい。

（はまじま　こうじ）

学生支援ＧＰは僕にとって苦労の多い経験だった。僕自身が精神的に未熟だったせいでもあるし、単に労働として大変だったということもある。いずれにしても、労多くして功少なし、という印象がずっと残っていたけれど、最近ようやく「苦労しておいて良かったな」と感じられるようになった。それはきっと僕が年をとって、社会と近接してきたことが原因だろう。

しかし、「この学生支援ＧＰは意義あるものだったか」と問われれば、「そうは思わない」と答える。この学生支援Ｇ

Pが学生のために行われたとは言い難いからだ。

本当に学生支援を行いたいのであれば、学生をひとりの人間として、さらに固有の存在として認めなければならない。学生を一般化し、分類して管理しては意味がない。

また、大学の先生たちは、どうやって国に予算を出させるかについて、知恵を絞っている。より大きな予算を得ることが業績であり、それを評価された先生は、学部長、学長になっていく。しかし、この学生支援GPに限って言えば、業績を作るには不向きだったと思う。高価な機器を購入し、大学の共有設備とした方が楽だっただろう。

結局、制度や組織にあった矛盾やズレが、学生に振りかかる形になった。その波を受けた学生として、僕はこの学生支援GPを「意義ある」とは言い切れない。

しかし、うまくいかなかった理由もよく分かる。「色んな事情があるんだ」と容易に想像できる。

それでも以前の僕は、異議を唱え、意見を主張していたのだ。どうにもならないシステムに真剣に取り組み、悩み、沈黙し、それでも最後には「こうしたらどうだ」と行動することができた。

考えることは、今でもそう変わらない。しかし行動しなくなった。行動する前に、その苦労が目に見える。苦労の割に得るものが少ないことも予感できる。

これが、大人になった、ということだろうか。

思い返せば、あの頃の僕は、自分のことで頭がいっぱいだった。何が大切で、どう生きるべきか。何時間でも何かを作っていられた。

今は、違う。

大事なことを先延ばしにして、日々が過ぎていく。やりたいことではなく、やれなかったことに目が向かう。

人が成長するとは何か。今でも僕は考える。

僕は成長したのだろうか。物語は進んでいるのだろうか。

この数年の間、大島先生は着実に業績をあげ、よりハードルの高い仕事に取り掛かられている。浜島先生も、新しい大学に移り、研究者としてのキャリアを積まれている最中だ。

自分はどうだろう。長い時間をかけて、同じ場所に戻ってきただけのように思える。

でも、まあ、こうして最後まで文章を書けたのは幸せなことだ。ひとりではできなかった。浜島先生が、「形にしましょう」と機会を与えてくれたおかげである。そして何より、大島先生のバイタリティが出版までの道のりを導いてくれた。

やはり僕はひとに恵まれている。幸運だ。学生支援ＧＰでもそうだった。

そう考えると、僕はまだまだ成長していかなくては、と思う。

今度は、昔の僕のような学生に、「悩んでいいんだよ」と言えるように。

（せいの　ゆうた）

索引

■著者略歴

大島勇人（おおしま　はやと）

1961年、東京都生まれ。新潟大学歯学部卒業（歯科医師）、同大学院歯学研究科修了（歯学博士）。2002年同大学院医歯学総合研究科硬組織形態学分野教授。現在、新潟大学医歯学系教授。2007年10月～2009年4月まで新潟大学全学教育機構学生支援部門長を併任する。専門は口腔解剖学、口腔組織発生学。主要な研究テーマは歯髄生物学、歯の発生生物学。

浜島幸司（はまじま　こうじ）

1973年、長野県生まれ。法政大学社会学部卒業、上智大学大学院文学研究科社会学専攻博士前期課程修了（社会学修士）。同大学院文学研究科社会学専攻博士後期課程単位取得満期退学。2007年新潟大学全学教育（現：教育・学生支援）機構学生支援部門特任准教授（2013年3月まで）。現在、立教大学 大学教育開発・支援センター学術調査員。専門は社会学、教育社会学。主要な研究テーマは大学生文化、青少年文化、学生支援論。

清野雄多（せいの　ゆうた）

1986年、山形県生まれ。現在、新潟大学歯学部6年生。 学生支援GPに参加した初年度の学生。

学生支援に求められる条件――学生支援GPの実践と新しい学びのかたち――

2013年10月10日　　初　版第1刷発行

〔検印省略〕

定価はカバーに表示してあります。

著者©大島勇人・浜島幸司・清野雄多／発行者 下田勝司

印刷・製本／中央精版印刷

東京都文京区向丘1-20-6　郵便振替00110-6-37828

〒113-0023　TEL (03) 3818-5521　FAX (03) 3818-5514

発行所 株式会社 東信堂

Published by TOSHINDO PUBLISHING CO., LTD.

1-20-6, Mukougaoka, Bunkyo-ku, Tokyo, 113-0023, Japan

E-mail : tk203444@fsinet.or.jp　http://www.toshindo-pub.com

ISBN978-4-7989-1193-9 C3037

東信堂

転換期を読み解く—潮木守一時評・書評集	潮木守一	二六〇〇円
大学再生への具体像〔第二版〕	潮木守一	二五〇〇円
フンボルト理念の終焉？—現代大学の新次元	潮木守一	二五〇〇円
いくさの響きを聞きながら—横須賀そしてベルリン	潮木守一	二四〇〇円
大学教育の思想—学士課程教育のデザイン	絹川正吉	二八〇〇円
国立大学法人の形成	大﨑仁	二六〇〇円
国立大学・法人化の行方—自立と格差のはざまで	天野郁夫	三六〇〇円
転換期日本の大学改革—アメリカと日本	江原武一	三六〇〇円
大学の責務	立川明・坂本辰朗・井上比呂子訳 D・ケネディ著	三八〇〇円
大学の財政と経営	丸山文裕	三二〇〇円
私立大学マネジメント	㈳私立大学連盟編	四七〇〇円
私立大学の経営と拡大・再編—一九八〇年代後半以降の動態	両角亜希子	四二〇〇円
大学の発想転換—体験的イノベーション論二五年	坂本和一	二〇〇〇円
ドラッカーの警鐘を超えて	坂本和一	二五〇〇円
30年後を展望する中規模大学—マネジメント・学習支援・連携	市川太一	二五〇〇円
大学のカリキュラムマネジメント	中留武昭	三二〇〇円
戦後日本産業界の大学教育要求—経済団体の教育言説と現代の教養論	飯吉弘子	五四〇〇円
教育機会均等への挑戦—授業料と奨学金の8カ国比較	小林雅之編著	六八〇〇円
アメリカ連邦政府による大学生経済支援政策	犬塚典子	三八〇〇円
アメリカ大学管理運営職の養成	高野篤子	三二〇〇円
〔新版〕大学事務職員のための高等教育システム論—より良い大学経営専門職となるために	山本眞一	一六〇〇円
アメリカにおける多文化的歴史カリキュラム	桐谷正信	三六〇〇円
現代アメリカの教育アセスメント行政の展開—マサチューセッツ州（MCASテスト）を中心に	北野秋男編	四八〇〇円
現代アメリカにおける学力形成論の展開—スタンダードに基づくカリキュラムの設計	石井英真	四二〇〇円
大学教育とジェンダー—ジェンダーはアメリカの大学をどう変革したか	ホーン川嶋瑤子	三六〇〇円
スタンフォード 21世紀を創る大学	ホーン川嶋瑤子	二五〇〇円

〒113-0023 東京都文京区向丘 1-20-6 TEL 03-3818-5521 FAX03-3818-5514 振替 00110-6-37828
Email tk203444@fsinet.or.jp URL:http://www.toshindo-pub.com/

※定価：表示価格（本体）＋税